跟着语文课本长知识

课本里的故宫

项斯 ◎ 著
熊秋语 张泽慧 ◎ 绘

长江出版传媒　长江文艺出版社

图书在版编目（CIP）数据

课本里的故宫 / 项斯著. -- 武汉 ：长江文艺出版社，2025. 6. -- ISBN 978-7-5702-1470-9

Ⅰ. K928.74-49

中国国家版本馆 CIP 数据核字第 2025Y6R538 号

课本里的故宫
KEBEN LI DE GUGONG

图书策划：张远林
责任编辑：黄雪菁　　　　　　　责任校对：程华清
封面设计：胡冰倩　　　　　　　责任印制：邱　莉　韩　燕

出版： 长江出版传媒 | 长江文艺出版社
地址：武汉市雄楚大街 268 号　　邮编：430070
发行：长江文艺出版社
http://www.cjlap.com
印刷：湖北新华印务有限公司

开本：710 毫米×970 毫米　　1/16　　印张：8.125
版次：2025 年 6 月第 1 版　　　　2025 年 6 月第 1 次印刷
字数：88 千字

定价：32.00 元

版权所有，盗版必究（举报电话：027—87679308　　87679310）
（图书出现印装问题，本社负责调换）

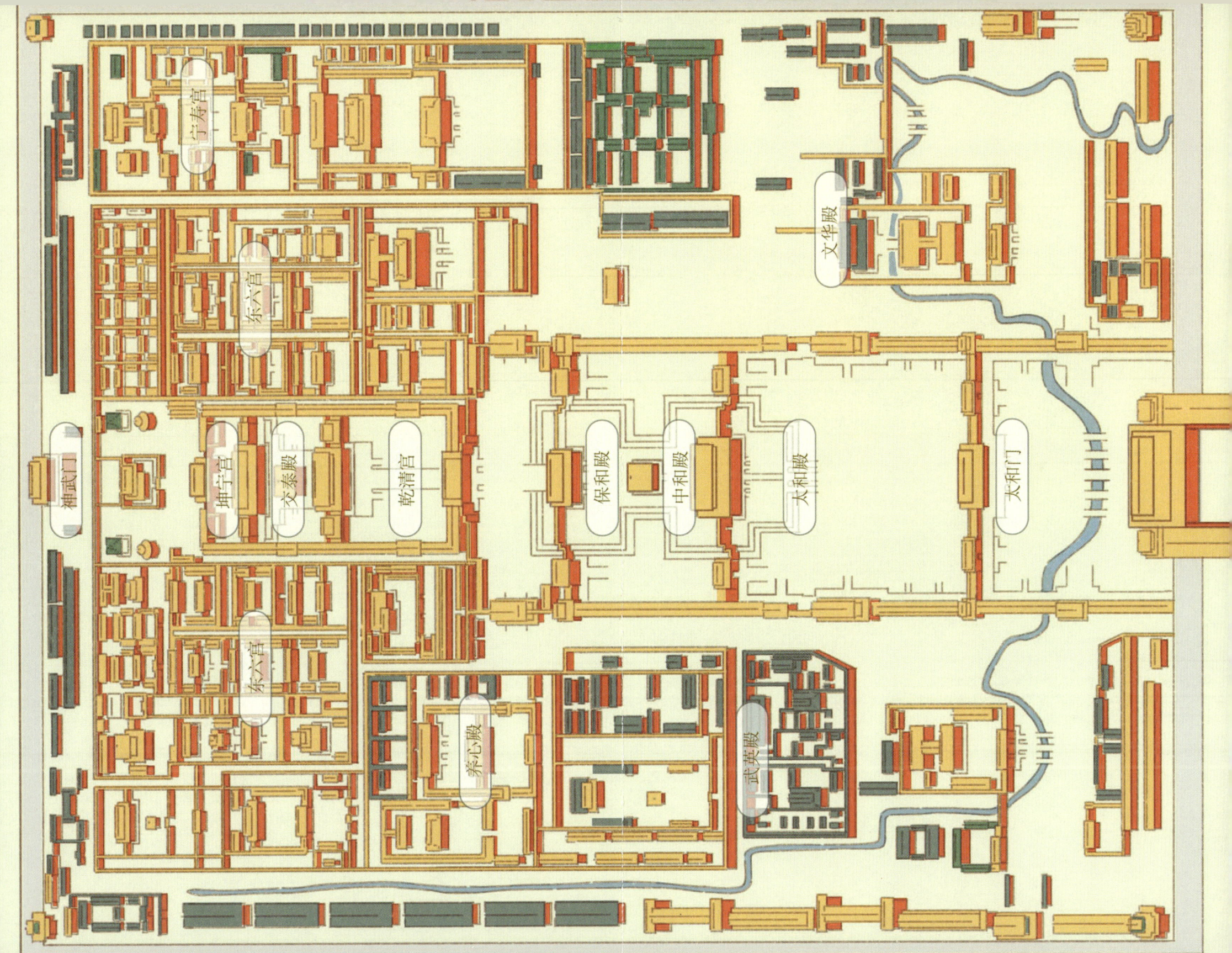

序

姜舜源

北京故宫是明清两朝的皇宫，其前身是元世祖忽必烈至元四年至二十二年（1267—1285）兴建、使用了一百余年（1267—1368）的元大内。"故宫"意为旧时宫室。东汉学者应劭注释他的前辈班固《汉书·武帝纪》，已经用"故宫"一词称先帝汉武帝废弃的宫室，后来多以此指前朝宫室。元朝灭亡后，明洪武二年（1369），工部主事萧洵随工部尚书张允至北平（元大都）勘测元皇宫，后来出版了当时的文字记录《故宫遗录》。清朝灭亡后，人们按历史惯例将清代皇宫称为"故宫"，进而在1925年10月10日正式成立了"故宫博物院"。

我国古代皇宫至少有两重功能。一是皇帝、后妃等皇家成员的居所，二是皇帝治国理政、行使帝王最高统治权的地方。这就是传统的"前朝后寝"。从最高统治者皇帝，到基层政权县官，都是前衙办公、后院住家。明清皇宫"前朝"部分，与天安门外六部等文武衙署连接一体，就是当时"朝廷"即中央政府所在地，其平面布局取意五千年前黄帝"合宫十二楼"，表示继承了炎帝、黄帝、尧、舜、禹以来的华夏法统。北京故宫从明永乐十八年十一月初四（1420年12月8日），永乐皇帝正式宣布启用，至2020年整整六百年。其间从1420年到1912年2月12日清朝统治结束，这里是明清政治中枢；其后作为我国政治文化中心北京城的中轴线主体，这里也一直感受着中国历史的脉动。而在宋、金、元、明、清一脉相传的国家收藏基础上，形成的故宫博物院文物藏品体系，更是五千年中华优秀文化最直接、最集中的实物见证。北京从三千多年前开始，就是商周时代的燕、蓟古都；北京城西南50公里处的房山区周口店，还是距今七十万年～二十万年的原始人类"北京人"的故乡。近几十年考古发掘研究成果——浙江余杭（今杭州余杭区）距今五千三百年的"良渚文化"古城及良渚玉器等历史文物，已被列入联合国教科文组织《世界遗产名录》；以红山玉器"华夏第一龙"为代表的"红山文化"，也蜚声海内外。故宫宝库中就收藏有包括"良渚文化""红山文化"玉器在内甚至更早的大量新石器时代玉石器，以及夏、商、周、秦、汉、唐、宋、元、明、清各代文物。清乾隆帝的案头上，就陈设有一件"良渚文化"大玉琮笔筒，先以为是古代套在车辕头上的装饰物"辋头"，后来研究发现是数千载前的器物。在两百多年前的1772年，乾隆帝通过比对鉴别内府所藏古玉，就提出之前人们认为的汉代玉璧等有一部分属于夏、商、周三代之前，直至推测到尧、舜、禹时代，基本上就是现代考古学揭示的新石器时代晚期。因此不论从宫殿建筑看，还是院藏文物看，六百年历史的故宫，与五千年中华文化紧密相连，一脉相传。

目 录

一 故宫大画像 / 001

    1　永乐皇帝要迁都 / 003

    2　得名有讲究 / 005

    3　布局有奥秘 / 006

二 庄严肃穆的庆典司仪——午门 / 009

    1　各司其职的钟楼和鼓楼 / 011

    2　各有各的门 / 012

    3　热闹的献俘礼 / 014

    4　午门不斩首 / 015

三 威严铜狮守大门——太和门 / 017

    1　神秘的石亭与石匮 / 019

    2　太和门是干什么用的？ / 021

    3　金水河里有金子吗？ / 022

四 "白云"上的三大殿 / 025

    1　"故宫心脏"太和殿 / 027

2　戴着宝盖的中和殿 / 029

　　3　用处多多的"保和殿" / 031

五　东文西武——文华殿与武英殿 / 033

　　1　文华殿：关于科举阅卷的那些事 / 035

　　2　文渊阁：收藏《四库全书》的地方 / 037

　　3　武英殿：康熙故事多 / 038

六　从寝宫到办公室——乾清宫 / 041

　　1　嘉靖宫变 / 043

　　2　雍正的"办公室" / 044

　　3　"正大光明"匾背后的秘密 / 045

七　养心殿里故事多 / 047

　　1　勤政的皇帝——雍正 / 049

　　2　乾隆的私人藏书堂——三希堂 / 051

　　3　垂帘听政处——东暖阁 / 053

八　她们的紫禁城 / 055

　　1　交泰殿 / 057

　　2　没有皇后的皇后寝宫——坤宁宫 / 059

　　3　东西六宫的那些事儿 / 061

九　皇子们的生活 / 063

　　1　帝王也重教育 / 065

　　2　皇子们的日常——上书房的一天 / 066

　　3　皇子们的集体宿舍——南三所 / 068

十　皇家敬老院 / 069

1. 慈宁宫：传奇皇太后孝庄 / 071
2. 颐养天年的寿康宫 / 072
3. 太上皇的宫中之宫 / 074

十一　皇家的休闲娱乐 / 077

1. 御花园里赏花看石 / 079
2. 畅音阁里看戏听曲 / 082
3. 冬季里盛大的"冰雪嘉年华" / 084

十二　有故事的后门——神武门 / 087

1. 从玄武门到神武门 / 089
2. "后门"故事多 / 091
3. "文化自信"之源 / 092

十三　故宫建筑奥妙 / 093

1. 屋顶也有等级 / 095
2. 可不只是好看——宝顶和斗拱 / 097
3. 美极了！油漆彩画 / 099
4. 你好，杰出的工匠们！ / 101

十四　故宫大怪兽 / 103

1. 龙的世界 / 105
2. 五脊六兽 / 107
3. 龙生九子 / 109

十五　故宫寻宝 / 113

　　1　书画：《清明上河图》/ 115
　　2　玉雕：《大禹治水图》玉山 / 117
　　3　瓷器：定窑白釉孩儿枕 / 119
　　4　金器：金瓯永固杯 / 121

一

故宫大画像

北京故宫，原本是我国明清两代的皇宫——紫禁城。它处在现在的北京城正中偏南，原北京城的中轴线上的中心位置，至今已有六百多年的历史。

　　它是世界上现存规模最大、保存最为完整的木结构古建筑群，是中华传统文化的结晶。其建筑群遵循"前朝后寝"的古制来建造，前朝主要是太和殿、中和殿、保和殿三大殿及它们左右两翼的文华殿、武英殿。以乾清门为界，乾清门以北便是内廷，通常称"后宫"，主要是乾清宫、交泰殿、坤宁宫及左右两侧的东西六宫。

　　现在，让我们一起走进故宫，认识故宫，感受故宫的魅力吧！

1 永乐皇帝要迁都

我们现在看到的故宫，最初是明朝永乐皇帝朱棣下令建造的。

大家都知道，明朝的皇宫一开始在南京，即金陵。那时北京叫北平，是朱元璋的第四个儿子燕王朱棣的封地。1402年，朱棣夺位，当上了大明王朝的第三任皇帝。几年过去了，南方及各地方藩王并不甘心投诚，北方还有蒙古军队骚扰。朱棣决定迁都，把国都从南京搬回自己的大本营，其目的就是为了抵御来自北方的割据势力，以维护国家统一，保持社会安定。

永乐帝的决策称得上英明。从历史来看，北京是文明古都。西周初年燕、蓟在此建都，辽代以此为南京，金朝以此为中都，元代也建都于此，上下纵贯三千年。从地理形势来看，北京东临辽碣（辽是辽水，古人心目中的东极要塞），西依太行（太行山脉是我国北方东西地区的重要分界），北连朔漠（蒙古高原，为我国北方边疆），背扼军都（军都山，是北京城的天然屏障），南控中原（华北平原地区，是我国内地中心），真正是山河壮美，地势雄奇。

但永乐皇帝的决定一宣布，朝中大多数大臣都激烈反对。当时大家都是南方人，不考虑国家利益、社稷安危，不愿意搬到条件较差的北方去。永乐帝不得不杀一儆百，杀了当时反对最激烈的和带头闹事的几个大臣，反对的声浪才渐渐被平息了下去。

但迁都不只是换个地方这么简单，这是要将整个大明王朝的政治、军事中心搬到千里之外啊。如此大的阵仗，如此大的工程，绝不是一朝一夕能完成的，皇帝心里很清楚。首先就是督建皇都。他遍寻国土，巧妙取材，在各方艰苦卓绝的努力下，1420年，宏伟的皇都建成了，当时名叫紫禁城。永乐十九年元旦（1420年初），明朝正式迁都北京。

　　永乐帝迁都到北京，真正实行了"天子守边"的战略。永乐帝在位期间，以北京为根据地，先后五次御驾亲征漠北，追剿蒙古残军。在他的统治下，明朝国力强盛，创造了"永乐盛世"。从这个意义上看，迁都举动是一次维护国家统一的伟大的工程。

2 得名有讲究

皇宫是皇帝居住和办公的地方。你一定很奇怪,既然是皇帝住的地方,为什么不叫"皇城"或"皇禁城",而叫"紫禁城"呢?难道故宫是紫色的?

不,"紫"可大有讲究。在中国古代,天文学家们把星空分成了三垣二十八宿,其中,紫微宫是天上最尊贵的神——天帝居住的地方,而人间的皇帝又都自称为"天帝的儿子"——天子,所以皇帝住的地方,也跟着叫"紫宫"了。宫城周围通常戒备森严,普通老百姓自然不得随意入内,否则就是"犯禁",如此一来,皇帝居住的地方就被称为"紫禁城"了。

中国的皇帝喜欢称自己为"真龙天子",原因何在?原来,自夏朝开始,皇帝和王公贵族的身份一般是世袭的。但在秦朝末年,出现了两个反抗秦王暴政的大英雄——刘邦和项羽。尤其是刘邦,为了争取更多人的支持,编造了他神奇的出生经历。《史记》称他的母亲因蛟龙而受孕,怀上了他。后来刘邦当上皇帝,自称"真龙天子"。从此中国古代的皇帝就都说自己是"真龙天子"。

1924年,清朝最后一位皇帝溥仪离开了紫禁城。次年紫禁城改名为故宫博物院,此后便逐渐对外开放,成了国家级也是世界级鼎鼎大名的博物馆。

3 布局有奥秘

紫禁城的布局也隐藏着大学问。它较多运用了中国传统文化中的阴阳五行思想，九宫六艺等。我们主要看其中的阴阳五行思想吧。

从总体布局来看，紫禁城像历代宫殿一样，分前朝、后寝两大部分。前即南方，从火，主光大，故作施政场所；后即北方，从水，主藏，故作寝居场所。

从具体经营位置看，紫禁城内凡是用于文化、文治方面的宫殿、设施，多在东侧，从木，从春；用于兵刑、武备方面的宫殿、设施，多在西侧，从金，从秋。最典型的如文华殿、武英殿，文东、武西拱卫着中央三大殿。文华殿还是皇帝讲学的地方，殿后的文

渊阁是有名的藏书楼。又如军机处初为武职衙门，就在乾清门外西侧。

天下举人进京参加国家最高一级的科举考试会试，由京城前方东侧的崇文门入城；而军队出师征战，则由京城前方西侧的宣武门出城；青少年属于人生中生长的青春时期，因而皇子居住的南三所在东华门附近；而太后、太妃们属于人生中的金秋时光，故外西路一带作为太后、太妃们的宫院。

宗庙设于左边。左即东方，从木，主生化，正揭示了祖宗诞育子孙的德行。社稷坛设于右边。右即西方，对应了国家社会涵载君臣、人民，主收，对应了五行中的"金"德。

从色彩分配上看，紫禁城在黄瓦、红墙的基调下，又按五行、五色适当调整。皇子生活的南三所，瓦顶是绿色，从木，从春，以表示青少年的成长和蓬勃向上。文渊阁不用黄瓦而用黑瓦、不用红墙而用青砖，因为黑色代表水，水克火，这样就可以使易燃的图书免于火灾。

紫禁城中阴阳调和得十分和谐。如前朝为紫禁城之阳，殿堂普遍比对应的后寝部分要高大。比如太和殿大于乾清宫，中和殿大于交泰殿，保和殿大于坤宁宫。前朝各殿是国家举行重大典礼的场所，因而要用巍峨壮观的气势，表现出阳刚之美，同时突出皇权的神圣和至高无上。后寝是紫禁城之阴，宫殿就小于对应的前朝殿堂，空间紧凑、建筑相应低小，使人感觉舒适、安宁，更具有阴柔之美。

内行看门道，外行看热闹，紫禁城的布局门道，现在你懂了一点吗？你也快成为小小的内行啦。

二　庄严肃穆的庆典司仪
——午门

要进宫，得先找到进宫的正门。故宫的正门就是南大门——午门。南门就南门呗，为什么叫午门？因为在古代罗盘上，正南属午位，故称"午门"。"午门"又有"五凤楼"之称。建筑界认为，"午门"一楼中立，左右两侧有"雁翅楼"，高低错落，犹如朱雀展翅，故称"五凤楼"。其实从其所处的位置来看，南方为朱雀，用"凤"比"雀"更雅致。而"五"，指的是五行，表示午门地处故宫的正前方，是万物之宗。

午门正中的门楼，是一座大殿，高三十多米，它是故宫内最高的建筑。高耸的城墙、朱红色的大门、金碧辉煌的琉璃瓦，彰显着皇城的威严与气势。进入午门，也就正式走进了故宫。

1 各司其职的钟楼和鼓楼

让我们先来认识一下午门大殿两侧的两个小伙伴吧。

午门大殿西侧是鼓楼,东侧是钟楼。钟楼和鼓楼是皇帝要举办重大活动时必会出场的角色。至于是谁出场,那可是有讲究的。比如皇帝祭祀太庙时,要击鼓;祭祀社稷时,要鸣钟;举行大典时,要钟鼓齐鸣。庄严的钟声和肃穆的鼓声,烘托出朝会大典的神圣气氛。

故宫北门神武门城楼上也住着一对钟鼓伙伴。不过,他们俩只是为皇城报时的。每天黄昏,钟会敲一百零八下,这叫起更。然后每过一更(即两小时),钟鼓一起报时,到了五更之后,又是一百零八记钟声。皇帝在宫里的时候,晚上不鸣钟,只有鼓小声报时。

2　各有各的门

　　午门城台中间和东、西共有三个门洞,但进入午门后再回头看,会发现门洞变成了五个。原来,在午门东西两角各有一个掖门(门道呈 L 形),开在东西城台下,从午门外面是看不到的。这种建筑形式被称为"明三暗五"。

　　午门作为皇家的正门,可不是什么人都能随便出入的,每个门洞各有用途。

　　平常,午门西侧专供宗室王公出入,东侧专供文武百官出入。

左右两侧的掖门，只会在朝会时打开，文东武西，鱼贯而入。

那么，哪些人能走当中的正门呢？

首先是皇帝，中门是皇帝的专用"御道"。这条道实际上是故宫的中轴线。

皇帝结婚时，皇后的喜轿也可以从最中间的这扇门通过。

每逢科举考试，殿试中高中前三甲的状元、榜眼、探花在传胪典礼（宣布殿试结果的仪式）结束后，可以春风得意地从这道门走出去。这可是天下读书人梦寐以求的高光时刻！

3 热闹的献俘礼

午门城楼前要举办的庆典可不少。

比如颁历礼,就是颁布第二年历书的典礼。历书在我国古代农业社会很重要,人们的春种秋收、婚丧嫁娶都得以此为据,它简直是古人的日常生活指导手册。

还有一个更隆重的典礼,就是献俘礼。每次朝廷大征战获胜后,都要在这里举行献俘礼。那时皇帝身穿庄重的衮服驾临此处,接受将校官献俘。

清代严厉打击发动叛乱、图谋分裂国家的民族公敌。对这类战事非常重视,比如乾隆平定蒙古准噶尔叛乱之后,就在午门举行献俘礼。中国古代的皇帝追求王化、德胜,他们常常在献俘礼上赦免俘虏,以示文明战胜了野蛮,宣扬皇帝的天恩。

乾隆平定准噶尔部达瓦齐叛乱后,考虑到达瓦齐是边疆兄弟民族首领,在献俘礼后不但恩赦其罪,还封他为亲王,为他设王府。但达瓦齐不习惯内地生活,天天在王府的大池中赶鸭放鹅戏水,并以此为乐。这个人长得非常胖,膻气也大,一般人都不乐意接近他,乾隆皇帝却命他为御前侍卫,以示皇恩。这使那些边疆兄弟民族非常感动,纷纷投效清廷。

4　午门不斩首

我们在电视剧中常听到"推出午门斩首"这句话，仿佛午门外真是杀人的法场。

事实上，午门是一个经常举行大典的庄严神圣之地，以为它是杀人刑场真是大错特错了。要知道，皇帝平常根本不判案，那些在秋审中被判处死刑的罪犯也不会被押到宫中去。但在明朝，大臣如果惹怒了皇帝，就会被拖到这里来施行"廷杖"（通俗一点说，就是打屁股）。估计"午门斩首"是由午门廷杖演绎而成的。

廷杖轻责伤残，重则丧命。明朝用得最多，其轻重程度主要取决于监刑官司礼监首领太监和锦衣卫指挥使。行刑的军校们平日训练，分别用砖和纸填成人形，穿着衣服。往砖人上打，表面轻松，实则砖会粉碎；往纸人上打，表面沉重，实际上纸却完好无损。所以，"廷杖"里面很有门道。为了对付"廷杖"，一些大臣发明了吞服蛇胆以强身、活血的法子。嘉靖时著名的杨继盛弹劾严嵩案,杨继盛受杖前,有人以蛇胆送他,杨继盛却说,椒山(杨继盛之号)自有胆,何必蚺蛇哉!真有舍生取义的气节!

三 威严铜狮守大门
——太和门

穿过午门继续向北走，就可以看到一座高大的建筑——太和门。太和门是前朝三大殿的大门。它建成于明朝永乐十八年（1420），当时叫奉天门，是皇帝"御门听政"的场所。明朝嘉靖年间，改名为皇极门。清朝入关后的第一位皇帝顺治在此处举行登基仪式，顺治二年（1645）改此门名为太和门。

1　神秘的石亭与石匦

太和门前有什么？

有两只巨大的铜狮子。这对铜狮是紫禁城内体量最大的。右边是公狮，足踏绣球。左边是母狮，在抚弄脚下的小狮子。狮子有王者之风，古代的权贵常用它做镇宅护法之宝。这狮子的头发是非常时尚的"疙瘩烫"，疙瘩的多少象征着等级的高低。太和门前铜狮子的"疙瘩烫"有四十五个，是九与五相乘的结果，象征皇帝"九五至尊"的地位。

有神秘的石亭与石匦。石亭在太和门的东边，至于它是干什么用的，至今也没有定论哦。有人说它是"诏书亭"，即每逢皇帝颁布诏书前，会先将诏书放置在里面，以示顺应天意。也有人说它与太和殿外的嘉量（古代的标准量器）很相似，说不定功能也差不多。

石匦在太和门的西边，上面有盘龙纽的盖子，看起来像是贮藏印玺的宝匣，但它真正的用途，至今仍鲜为人知。有次嘉庆帝问南书房的臣子，石匦是干什么的？大家都无法说出所以然。就连赫赫有名的大学问家纪晓岚也曾讨教过此事。有人说石匦中有

很多朽粟，可能是嘉量吧。也许清末的陈康祺分析得对，石匮中贮存五谷，而民以食为天，这不正体现了皇帝重农务本、劝课农桑的治国思想吗？

2 太和门是干什么用的？

古代天子唯我独尊。明代的皇帝与大臣商量天下大事（即"听政"）时，既不让臣子们到皇帝居住的乾清宫，也不让臣子到奉天殿去，只让大家在奉天殿的大门外，也就是奉天门（即今太和门）下候着，举行"御门听政"。

清代皇帝倒是简化了程序，不但在乾清宫里召见官员，还在养心殿召见。"御门听政"就移到了乾清门。

这些早朝的大臣们，天未明就要起床，骑马的骑马，乘车的乘车，坐轿的坐轿，黎明赶到宫门口。

皇帝驾临后，官员们向皇帝奏事，皇帝当场做出指示。遇上雪天，皇帝赐斗篷遮雪；遇上雨天，则令大臣到门下站班。如此看来，当皇帝不容易，当臣子也挺辛苦的！上朝这份工作不轻松呀！

3　金水河里有金子吗？

进入午门，展现在眼前的就是美丽的金水桥。桥梁都是汉白玉砌成的，共有五座。其中中间一座最宽、最长，也最高，是供皇帝用的。其余四座，是供大臣们行走的。

桥下便是弯弯的金水河，它仿佛一张巨大的弯弓，把午门与太和门分成南北两半；又似九天银河，把宽阔洁净的太和门广场装扮得如同遥远的夜空。为什么叫金水河？你可别放飞想象，以为这河里流淌着金子！事实上，金水河的得名与它的地理位置和

五行相关。因为其源头在北京西郊的玉泉山,而西方属金,金生水,故称这条河为"金水河"。

金水河管着排水。故宫的格局北高南低,下雨的时候,水从高处流入故宫地下四通八达的暗沟,再由暗沟流入金水河,最后排出宫去。它担任着故宫排水的重要职责哦。

故宫建筑大都是木质的,很容易着火。太和门先后经过几次大火,最著名的是光绪十四年(1888)十二月二十五日深夜的那次。当时值夜班的人睡着了,油灯烧着了柱子,大火烧了整整两天才被扑灭。不巧的是,40天后,就是光绪帝原定的大婚日子,而娶亲要经过太和门,于是宫中只能请来能工巧匠,糊了一座惟妙惟肖的太和门。

一般古代宫殿前都放着巨大的太平缸,着火时可用来取水灭火。但水缸里的水毕竟太有限啦,从金水河里取水用要方便多了吧?如此看来,金水河是不是在防火中也有作用呢?

四 『白云』上的三大殿

过了太和门，就能看见故宫里建筑规模最大的一组宫殿，它们依次是太和殿、中和殿、保和殿，合称前朝三大殿。其中太和殿规模最大，中和殿最小。它们整体都建在呈"土"字形的汉白玉台基上，远远望去，就像一朵白云托起了金色的宫殿，显得雄伟又壮观。

　　细心的读者可能注意到了，这三大殿名中都有一个"和"字。三大殿以前各有名字，现在的名字是清朝顺治帝入住紫禁城后改的，"和"体现了中华文化"和合"的思想。

1 "故宫心脏"太和殿

太和殿俗称金銮殿,它是故宫里等级最高、最豪华的宫殿,是"天子明堂"。皇帝的宝座设在高高的台基上。大殿前面有三条阶陛,又叫丹陛。中间的一条是专供皇帝行走的"御道",旁边的两条道供执事及侍卫等使用。

殿内,宝座两侧有六根沥粉贴金并绘有云龙的金柱,清代称这种图案叫"江山万代升转云龙"。还有宝象、角端、仙鹤等陈设,每种都成双成对,都有一定的寓意哦。比如两对宝象都背驮

宝瓶，寓意"太平有象"。角端，一般叫甪端，即犀牛，据称是一种兼通四夷语言的古代神兽。宝座上方的天花中央，是大型蟠龙藻井——不是所有宫殿都有藻井，只有像太和殿、乾清宫、养心殿这样的皇帝御朝理政的宫殿中才有。太和殿的地面用的是金砖，这金砖既不是金的，也不是玉的，而是一种经特殊复杂工艺制成的地面用砖，据说每一块砖的烧制需要一百多天呢。称它们为"金砖"，也表明它们的贵重哦！

殿前月台上，还摆放着各种器物。比如铜鹤、铜龟各一对，龟鹤在古代都是长寿的象征，这里象征着皇朝万寿无疆。每逢重大的节日庆典，会在龟鹤腹内燃香，造成一种香雾缭绕的效果。殿前还有嘉量和日晷。嘉量是我国古代的一种量器，象征着度量衡定、天下一统。日晷是古代的计时器，古人通过观察太阳在日晷上形成的投影长度和方向来确认时辰。

太和殿如此豪华又高级，可不是天天都能使用的。一般只有在国家大事比如皇帝登基、皇帝大婚、册立太子、点将出征，或是一些重大的节日庆典比如元旦、冬至或是皇帝生日时，才会启用。

2 戴着宝盖的中和殿

三大殿呈大—小—大的格局，显得错落有致。中和殿就是三者当中的"小"。对，它就是面积最小的那一个。

别看它面积小，它的建筑形式却是很特别的，用专业术语来说，它采用的是"四角攒顶式"建筑形制。通俗地讲，就是有四四方方的平面，像华盖一样圆圆的黄色琉璃宝顶，宝顶上方嵌着一颗宝珠，体现了"天圆地方"的吉祥寓意。

此殿在明朝永乐年间初建成时，取名"华盖殿"。据说黄帝

战蚩尤时，五彩祥云凝聚在黄帝的战车之上，像一柄巨大的伞。人们认为这是上天降下的华盖，是一种祥瑞。后来，华盖就用来指帝王所乘的车子上的伞形遮盖物。中和殿的屋顶设计宛如华盖，故而明朝时以此为名。清朝顺治帝将它改名为中和殿，"中和"意思是做事不偏不倚，符合中正之道，总之寓意皇帝治国要以中庸之道为本、追求天下和谐平衡。

明清两代，中和殿主要用于皇帝在举行大典之前的休息和准备。皇帝在这里稍做休息、整理仪容，以前往太和殿出席大典。

皇帝在祭天坛、地坛等重要场合的前一天，会在这里阅视祝文，以昭诚敬，确保仪式顺利进行。

每年春耕礼之前，皇帝会到这里来检阅祝文和农具。

3 用处多多的"保和殿"

保和殿是前朝三大殿中的最后一座宫殿,有点像如今大会堂的"后台"、宴会厅,属于辅助性建筑。

明代皇帝到前殿临朝时,要在这里做礼仪性的更衣。皇帝会根据不同的场合更换不同的衣服,在登基、祭天地等场合下会穿朝服(是上衣下裳),召见群臣时会穿吉服(上下一贯的长袍)。当然,平时一般穿常服。总之,什么样的场合穿什么样的衣服,当中可是大有讲究的。中华礼仪博大精深,仅在穿衣当中就可见

一斑啊。

皇帝在保和殿更衣，在中和殿稍事休息调整，或是接见官员，然后到太和殿。太和殿这时会响起韶乐，皇帝从太和殿后门的中门升殿，登上金銮宝座，然后典礼仪式正式开始！由此看来，皇帝升殿是顺着从北到南的方位，也就是从"后门"进去的呀！很多电视剧里，都有皇帝从太和殿的丹陛上费劲地登上宝座的情景，那可是大错特错了！

清代皇帝每到腊月二十九日晚，会在这里举行国宴，款待进京贺年的蒙古王公和边疆地区的民族首领。但它最著名的功用，则是举行科举考试的最高一级——殿试。

清代的科举分为四级，从童生、秀才、举人，最后成为进士。进士是殿试高中者，由于殿试是皇帝亲自主持的，所以凡是考中的进士都被称为"天子门生"。

天下士子最期待的时刻便是"金榜题名"时！这时，皇帝高坐在太和殿里，礼部尚书在乐曲声中捧起金榜，一一唱名。被唱名者兴高采烈地步入太和殿里，觐见天子。进士中的状元、榜眼、探花还可以从午门的正门（皇帝的专用门）中走出来，简直是风光无限！接着还有礼部为他们设的"鹿鸣宴"。想想唐朝诗人孟郊在高中进士后写的那句"春风得意马蹄疾，一日看尽长安花"，就能想见这些进士们激动的心情啦。

五 东文西武
——文华殿与武英殿

前面我们已经说过，五行思想贯穿在故宫的布局中。比如紫禁城内凡用于文化、文治方面的宫殿设施，多在东侧；而用于兵刑、武备方面的宫殿设施，多在西侧。最典型的就是文华殿与武英殿，文东武西拱卫着中央三大殿。那么这些殿到底藏着什么故事呢？

1 文华殿：关于科举阅卷的那些事

殿试是国家最重要的选拔人才的考试，皇帝历来都非常重视，考试制度也十分完备。

前面我们看过在太和殿传胪时的激动人心的时刻。但殿试的题目由谁出？考完后的试卷又在哪里判阅呢？这些就都与文华殿有关了。

殿试的"主考官"是皇帝本人，所以其他官员最高也只是"读卷官"。殿试前一日，读卷官们集中在文华殿，大家密议了考题，当即送给皇帝审阅。殿试的内容一般都是由皇帝提出治国安邦的策问，让考生们阐发自己的议论。乾隆皇帝的文化水平很高，有时读卷官们出题他都不放心，干脆自己出题。只是有一次出题时，他居然写了错别字，他发现后，做了一番自我检讨。看来这皇帝也是勇于自我批评的！

考卷收起来后，考生的署名是弥封起来的。这些考卷集中在文华殿，由专人批阅。阅卷大臣在阅卷的几天不能离开文华殿半步，吃饭、睡觉都在这里，墙外是御林军三步一岗、五步一哨，简直是与世隔绝。这严格的考试制度无异于当今的"高考"了。最后确定的前十名的卷子，皇帝要亲自审阅，有时他不仅只看前十名，还会看更多人的试卷，就是想为国家选拔真正的人才。比如道光帝就从顺天府乡试举人的考试中，慧眼识英才，选拔出了魏源。

　　状元当然是科举考试中的精英，但他们当中真正能经世致用且在历史上留名的并不是很多。各朝也有一些著名的状元，比如文天祥、张謇。大家想想，还有哪些人呢？

　　除了科举阅卷，文华殿在明初主要是皇太子处理政务的地方。太子在皇帝离开京城或无法亲政时，代理国政，以便让太子在实践中学习、积累治国经验，这样才能在未来更好承担国事。明朝中期，这里改为举行经筵的地方。经筵是皇帝为讲经史而特设的御前讲席。这是皇帝学习经史的重要场合。清代基本沿用了明制。

2 文渊阁：收藏《四库全书》的地方

文渊阁在文华殿的后面。故宫宫殿一般是黄色琉璃瓦、朱红门墙，而这座高阁偏偏顶着一个黑色绿剪边的琉璃屋顶，廊柱是深绿色，连所有油漆彩画都是冷色调的。这是为什么呢？

因为文渊阁在清代是专门用来存放《四库全书》和《古今图书集成》的藏书楼。它仿照了明代著名的藏书楼天一阁的规制。书最怕什么？怕被火烧。古人认为黑色在五行中对应的是水，水克火，所以将屋顶修成黑色，寓意防火。

《四库全书》很了不得，它是乾隆皇帝主持、由纪晓岚做总编纂官编纂的，是我们古代体量最大的一套丛书。因为分经、史、子、集四部，所以名"四库"。这套书规模到底有多大呢？这么说吧，一个人就是什么事儿也不干，只坐在那里读书，花两百年的时间，也读不完这些书。

这套丛书，是乾隆皇帝亲自抓的一项文化大工程，工作可不轻松。参加编纂的人一点也不能马虎，做得好的，可能有嘉奖；做得不好的，则要罚钱。纪晓岚本人都被罚过几次，而总校官陆费墀因为失误太多，被罚得倾家荡产。

为了让这套来之不易的《四库全书》能够长久留存下来，皇帝命人抄写了七套副本，分别藏在七个不同地方的藏书楼里。

3 武英殿：康熙故事多

东文西武，想想文华殿的专题学习讲座，你一定以为武英殿和武功有关吧？其实，没有什么关系啦。明朝时，皇帝会在武英殿里斋居或是召见大臣；清朝时，皇帝会在这里举行一些大典。后来，因太和殿、乾清宫维修，康熙皇帝移居到这里，武英殿里就留下了很多与康熙有关的故事。

康熙八岁登上了皇位，那时他只是个孩子。好在父亲给他留下了四个辅政大臣。其中有个武功赫赫、自恃功高的老臣鳌拜，他越来越不把小皇帝放在心上。康熙还是个羽翼未丰的孩子，只得忍气吞声，还要装作对政事不关心的样子。搬进武英殿后，他一天到晚和一群侍卫在宫里玩摔跤。有一天，他命鳌拜进宫观看侍卫摔跤，然后借机智擒了武功盖世的鳌拜。

当然这只是个故事啦。历史上康熙是怎么铲除鳌拜的，我们不得而知。但康熙是个全能的皇帝不假，他不但会治理国家，文学造诣也高，甚至还会搞科研呢。他对西方的科学技术很感兴趣，据说还尝试自己研制西药，研究怎么样预防天花，妥妥的全才。

武英殿东面，有著名的"故宫十八槐"。在宫里种植槐树，历史悠久，也有很多寓意，有人说是吉祥、有人说是福禄，总之

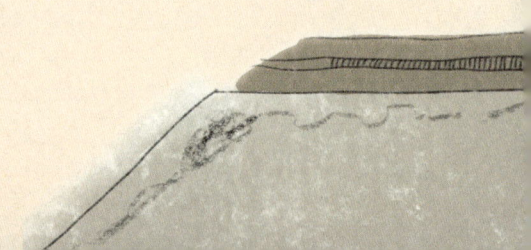

是些美好的寓意。明清两代，帝后和大臣们进宫常从此处经过，慈禧太后去颐和园也会经过这里，"十八槐"至今仍有十七棵活着，它们可是见证了几百年历史风雨的"活文物"。

　　武英殿东侧的断虹桥的名气甚至超过了武英殿，因为桥上雕有神态各异的石狮子。尤其是第四只小狮子——"护裆狮"，它一爪摸着后脑勺，一爪护在裆部，一副欲说还休的样子，萌态十足，近几年已经成为"网红"啦。

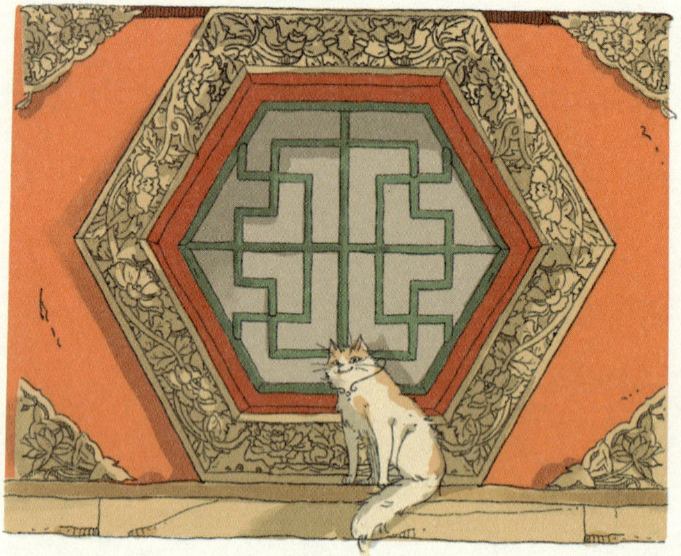

六 从寝宫到办公室——乾清宫

离开前朝三大殿，穿过乾清门，就正式进入了曾经的皇家生活区——内廷。内廷有后三宫：乾清宫、交泰殿、坤宁宫。先看看明清时皇帝的居所——乾清宫。

　　抬头看一看，乾清宫的屋脊上有九只脊兽，除了太和殿外，就数它屋脊上瑞兽最多啦。也难怪，它是皇帝的居所，地位自然高于其他的宫殿了！

1　嘉靖宫变

乾清宫在明代是皇帝的寝宫。作为寝宫，床当然是必不可少的了！但你肯定想不到的是，这里竟然有二十七张床！皇帝可以在任意一张床上睡觉，估计除了皇帝本人或是他的贴身之人，没有人能轻易找到他睡在哪儿。皇帝只有一个，为什么要这么多张床呢？

这就要从嘉靖皇帝的怪癖说起了。嘉靖皇帝年纪轻轻就不理朝政，二十多年里，他醉心于炼丹，追求什么长生不老之术。而且他性情乖戾，对宫女轻则呵斥，重则棍棒致死。身边被他因一点小事就打死的人有一大批，大家对他既怕又恨。

他的暴行终于激起了宫女的反抗，嘉靖二十一年十月，十多名宫女合谋，想杀死这位暴戾的皇帝。晚上趁皇帝睡着的时候，她们溜进寝宫，想用绳子勒死他。只是在慌乱之中，她们将套在皇帝脖子上的绳套打了个死结，无法拉紧。一个宫女因害怕，临时变节，跑去向皇后告密。结果行刺皇帝不成，这群宫女全被凌迟处死。这就是嘉靖"壬寅宫变"。

宫变之后，嘉靖连夜离开了乾清宫，从那之后，这里就被隔成了九间暖房，共放了二十七张床，弄得像迷宫一样。估计后来的皇帝即使住在这里，心里也总是提心吊胆的吧？

2 雍正的"办公室"

清朝顺治、康熙以乾清宫为寝宫,但他们真正住的地方是在它旁边的小殿里。此时的乾清宫更像他们日常办公、活动的场所。到雍正时,乾清宫就更像皇帝办公厅了。

说起来太和殿是众多宫殿中资历最老、地位最高的一个,但它的使用率实在太低,皇帝登基、大婚,每年的三大节,加起来也是屈指可数的呀。可乾清宫不一样了,皇帝找大臣谈话在这儿,处理日常政务在这儿,有时接见外国使臣也在这儿。

哦,进入腊月,皇帝会到乾清宫的西暖阁御笔书"福"字,所写的第一个"福"字要悬挂在乾清宫正殿,其余会颁赐给王公近臣、后妃近侍等。能得到皇帝御赐"福"字的官员并不多,受赐者视此为无上荣光。

3 "正大光明"匾背后的秘密

乾清宫的正殿中央挂着一块匾额，上面写着"正大光明"四个字。这块匾，最初是清朝入主中原的第一位皇帝顺治亲手所写，后经康熙描字刻石。现在我们看到的是乾隆再次临摹的。

"正大光明"四个字出自《周易》，它的意思是要使皇位长久稳固，就得效法天地正大而光明的品德，实现天下大治。但藏在这块匾额背后的故事，就更耐人寻味了。

康熙皇帝在位六十一年，子嗣众多，众皇子为了皇位争得你死我活，一直到他快驾崩时，才立皇四子雍正为皇位继承人。雍正继位后，想想自己的经历，决定不直接宣布自己的继承人是谁。他写下两份关于皇位继承人的密诏，一份自己带着，一份就放在乾清宫大殿这块"正大光明"匾后。等他驾崩后，大臣们才能取出匾额背后的这份遗诏，再找出另一份，对照无误，就奉新君即位。雍正驾崩后，乾隆就是依照这个秘密立储的谕旨即位的。

秘密立储传到道光皇帝这儿，在到底立谁的问题上，皇帝很犹豫。他中意的人选有两个，皇四子和皇六子。皇六子聪明果敢、知时通变，却恃才傲物；皇四子忠厚忍让、沉稳持重；却才疏力薄。相传，一年春天，道光帝在南苑打猎，想借机考核两人。皇六子左冲右杀，满载而归。皇四子的老师知道四子的武艺不佳，让他不要开枪，果然，到了晚上皇四子只得空手而归。道光帝问他原因，

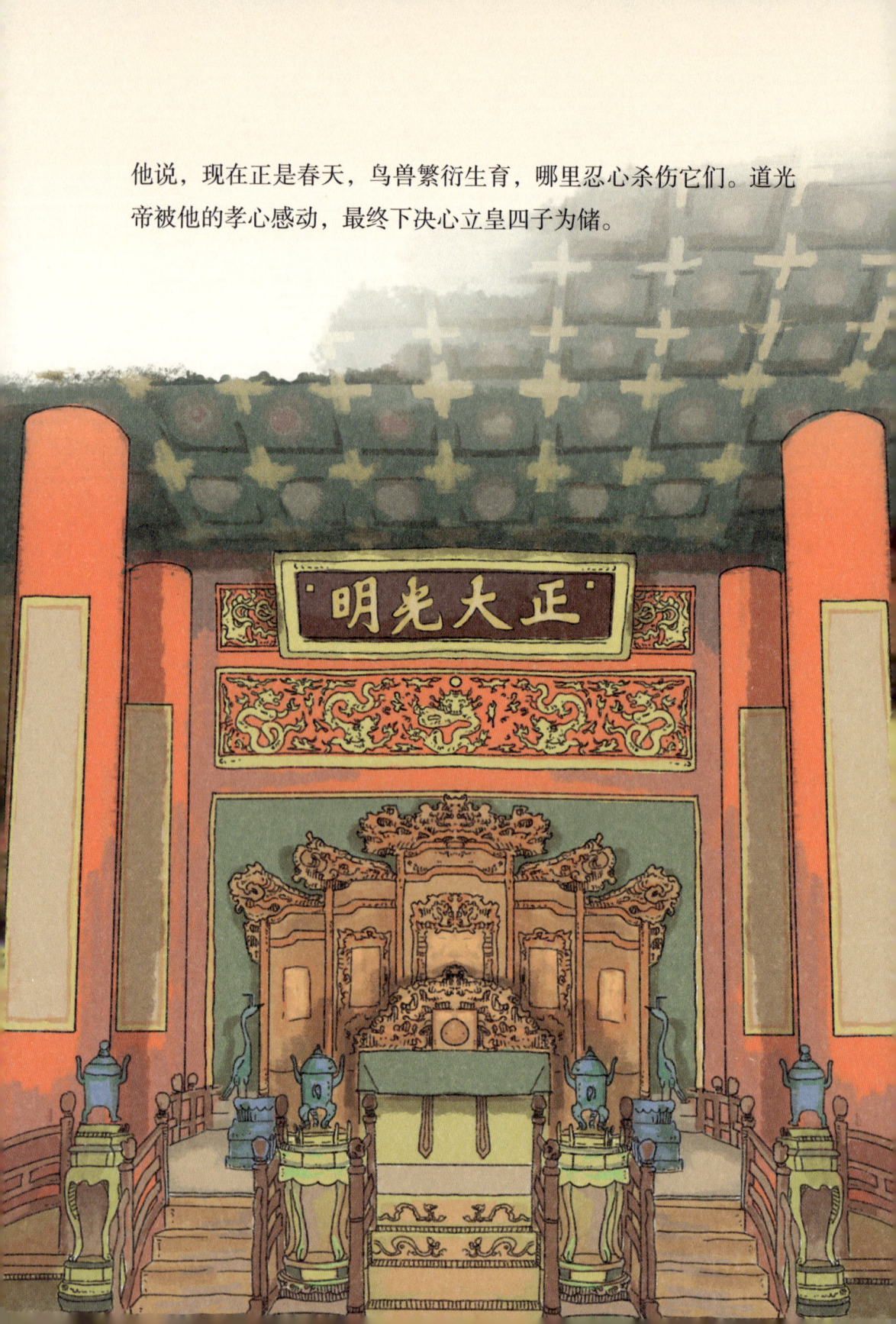

他说,现在正是春天,鸟兽繁衍生育,哪里忍心杀伤它们。道光帝被他的孝心感动,最终下决心立皇四子为储。

七 养心殿里故事多

在乾清宫西侧，有一座原本不起眼的养心殿，它既不宏伟也不华丽，却自雍正朝起成为皇帝的寝宫。清朝先后有八位皇帝居住在这里。他们为什么这么偏爱它呢？

　　从布局上看，它后面是妃嫔居住的西六宫，左边是乾清宫，出了养心门就是御膳房和军机处，再往前就是前朝。出入前朝、后廷十分方便。再者，这里庭院幽深、隐蔽，建筑低矮，保密性强。皇帝居住在这里，生活和工作都方便了不少。

1 勤政的皇帝——雍正

康熙皇帝驾崩后,雍正在此处为他服丧。服丧期满后,雍正看中了这个舒适又隐蔽的住处,于是以"乾清宫是圣祖一生临御之地不敢亵渎"为托词,不再到乾清宫去住。自此后他就在养心殿扎了根。乾隆继位后继续以此处为寝宫,日常办公、理事、召见官员也常在这里。

养心殿前殿正中设宝座,宝座上方悬挂着雍正御笔亲书的"中正仁和"匾,意思是说皇帝要中庸正直、仁爱和谐。

前殿分明间、东暖阁、西暖阁三大间。西暖阁里悬挂着"勤政亲贤"匾。雍正是一位真正勤政的皇帝。他凌晨四点起床,清晨五点左右开始上朝理政,八点吃早饭,九点开始批阅奏折、下发御旨。下午一点吃晚餐——没错是吃晚餐,清朝的皇帝只吃两餐。下午二至三点,他继续工作,后面如果饿了,只是吃点小点心。一直到晚上九点，原本劳累了一天的皇帝终于可以休息了，他却还要批阅奏折。他每份奏折都要亲自批示，有时甚至还要写下较长的批语。尽管有些奏折内容并不那么重要，他也要埋头批阅。很多时候，他会一直工作到深夜。要论起勤政来，他可真是清代众多帝王中的楷模。

2　乾隆的私人藏书堂——三希堂

与西暖阁相连的是三希堂。三希堂以乾隆皇帝收藏晋人王羲之《快雪时晴帖》、王羲之之子王献之《中秋帖》、王羲之之侄王珣《伯远帖》而命名。

和勤政的雍正比起来，乾隆的日子就过得滋润多了，出宫狩猎是家常便饭，还数次下江南游玩。不出宫的时候，他喜欢鉴赏收藏，这不，三希堂就成了他的私人藏书室了。

乾隆皇帝很喜欢二王的书法，每到快雪初霁，他总要临一通《快雪时晴帖》。有时还在帖上写上一段跋语，写完后还要在上面盖个御章，久而久之，原本尺幅不大的《快雪时晴帖》不断被加长，拓到了五米多！有人数了数，乾隆皇帝在这幅《快雪时晴帖》上盖了几十枚印章，写了上万字的题跋；而这幅法帖，原本只有二十八字而已！

不过乾隆皇帝的寝宫里，到处张贴着名言警句，比如"苟日新，日日新，又日新"，意思是每天都要有新的进步。看来这爱玩成性的皇帝也挺励志的。

3 垂帘听政处——东暖阁

东暖阁本来是乾隆时的书斋——"明窗",到晚清却以"垂帘听政"闻名于世。咸丰皇帝在承德山庄病逝,慈安、慈禧两位太后与恭亲王奕䜣发动"辛酉政变",立慈禧六岁儿子载淳为皇帝。自此后两宫太后垂帘听政:同治小皇帝坐在御榻上,两位皇太后坐在后面的黄幔之内。慈安太后对朝政不感兴趣,事实上真正听政的不过慈禧太后一人而已。

同治帝死后,慈禧太后又扶持了年仅四岁的光绪帝,当然她依然要垂帘听政。慈安太后暴亡后,听政的就只剩她一人了,期间一度还政。戊戌变法失败后,慈禧重新训政,还公然撤去了帘子,

与光绪帝并列而坐，俨然二君，权倾一时。

慈禧前后执掌晚清政权四十多年，是清朝同光两朝的实际统治者，也是中国历史上很有争议、多次被改编进影视作品的女性人物。

八 她们的紫禁城

走出乾清宫，就算真正进入"她们"（后宫嫔妃）的地盘了。首先你会看到交泰殿，它是皇帝寝宫与皇后寝宫的过渡。然后是坤宁宫。后三宫左右便是西六宫和东六宫。俯视整个内廷，东西六宫如同两只巨大的臂膀环抱着后三宫。

7 交泰殿

中国古代，皇帝代表天，皇后代表地，所以皇帝的寝宫叫乾清宫，皇后的寝宫叫坤宁宫。交泰殿位于这两座宫殿之间，所以从字面上看，"交泰"即天地相交、万物相通之意。原来，每个宫殿的得名都是大有文化的！

交泰殿东边放着铜壶滴漏的大计时器，这是中国古代用来计时的仪器。西边还有一个大自鸣钟，清代真正的报时是靠它来掌

管的。大自鸣钟一响，会传遍整个后宫，宫里的人会根据它来判断时间。

在清代，交泰殿是收存代表皇权的二十五宝（印章）的地方。走进交泰殿，能看到一个宝座，宝座上方悬挂着康熙皇帝手写的"无为"匾额。无为而治，这是古人向往的治理的最高境界，《尚书》说周武王"垂拱而天下治"。

进入交泰殿后，我们就能看见凤纹图案了。没错，交泰殿在明代是与皇后有关的大殿，所以中国古代与皇后相关的凤纹也出现了。

册封皇后的典礼、皇后的生日（千秋节）庆典都在交泰殿举行。此外，每年春季会有隆重的亲蚕礼，皇后要带领宫中所有的妃嫔，到交泰殿的先蚕坛祭拜嫘祖，还要亲自采桑叶喂蚕。这就像每年春天皇帝要到先农坛祭祀先农，并亲自耕一下田一样。这样做是为了劝导、鼓励农桑，同时也保持了中国古代"男耕女织"的传统。

当然，祭祀只是一个仪式。所以皇后不会一直在那里采桑叶，她拿着金钩黄筐，只采几片桑叶，做一个示范。就像皇帝亲耕，也只是在其他人的帮助下，在田里耕三个来回而已。剩下的，就是安坐在一旁观礼啦。

2 没有皇后的皇后寝宫——坤宁宫

坤宁宫是皇后的寝宫。明代的皇后确实住在这儿，但在清代，这里基本已没有皇后居住了。皇后一般住在东西六宫的某个宫院，坤宁宫此时更多是充当了祭祀萨满教的场所。这些祭祀与满族人的习俗有关。

当然，作为象征皇后身份的宫殿，它还得维持与皇后的最后一点联系——这儿是皇帝举行大婚的地方。

清朝入关后共有十位皇帝，有五位在登基称帝前就已经结婚了，其余的皇帝都是在这座宫殿举办的婚礼。现存的坤宁宫东暖阁恢复的是光绪大婚时的情景。

皇家婚礼远非民间婚礼可比，极为隆重，仪式也极为复杂。以同治帝为例，从开始准备至婚礼结束大概用了三年时间。我们一起来看一下帝后正式婚仪时的流程吧。

皇帝大婚的时间是由钦天监经过严密推算拟定的吉日吉时。清朝的婚礼一般在晚间进行，作为新娘的皇后在装扮停当后，拿着金苹果和镶金玉如意（象征平安如意），乘一顶明黄色的大轿子，从平日里只有皇帝才能走的午门进入紫禁城。喜轿停放在乾清宫内，皇后由女官扶下轿，先迈过一个寓意蒸蒸日上的火盆，再在女官的引导下从交泰殿到达坤宁宫。到了坤宁宫门口，她得跨过马鞍（以求平安），才可以进入洞房。进入洞房后，皇后要和皇帝一起吃子孙饽饽（寓意生子），再行合卺礼（就是喝交杯酒），然后皇帝还要到前面去参加宴会。至此，帝后大婚才算告一段落。

可别小瞧了这婚礼的花费，据说同治帝的这场婚礼，花费白银千万两啊！

3　东西六宫的那些事儿

东西六宫共有十二组宫殿，每组宫殿有个独立的院落，每个院落设一间大主殿，住的当然是位分较高的妃嫔；旁边的配殿，住的是位分较低的。院落之间有高墙和巷子相隔，宫禁还是很森严的。

清朝后宫的妃嫔从高到低依次分为八个等级，即皇后、皇贵妃、贵妃、妃、嫔、贵人、常在、答应。这些妃嫔是通过选秀入宫的。清朝入关后，每三年在八旗内部挑选一次秀女，不但为皇帝，也为皇子、皇孙、亲王等皇室成员选人。

我们在电视剧里常常听说"打入冷宫"一词，其实紫禁城内并没有一个叫"冷宫"的宫殿。所谓的"冷宫"就是给一些犯了错、被皇帝下令处罚的妃嫔们准备的住处，这些地方一般都很偏僻。

在东西六宫中，储秀宫和长春宫是很出名的，因为它们都与一个特殊的女主人——慈禧相关。慈禧属满洲镶黄旗人，她祖上三代为官，虽非显贵，但也是名副其实的官宦之女。她是通过选秀入宫的，入选后被封为"兰贵人"。当时她就住在储秀宫。她聪明漂亮且极有心机，深得咸丰帝喜欢，后来又生下皇子。咸丰帝死后，她的儿子是唯一的皇位继承人，她也就顺理成章地成了"慈禧皇太后"，因当时皇帝还小，她便开始了"垂帘听政"。

慈禧五十大寿时，花了六十多万两银子改造储秀宫，还将储

秀宫与前面的翊坤宫庭院合二为一，将这儿改成一座豪华宫院。其室内装修富丽堂皇，家具等多用名贵木材，还有各种精巧珍贵的工艺美术品做陈设，总之是极尽豪奢。

九 皇子们的生活

中国人对子女的教育，有着异乎寻常的执着。不但是在平民百姓家，帝王家也是如此。我们看了皇帝的工作生活情形，看了"她们"的生活情形，是时候来看看皇子皇孙们的生活啦！在这些皇子皇孙中，小男孩的教育尤其受到重视，毕竟他们才是可能的皇位继承人。

说到皇子，你肯定觉得他们生在帝王家，要啥有啥，自由自在极了。也不尽然！清朝对皇子的要求是很严格的，皇子的生活也不轻松。我们就通过他们读书受教育的地方——上书房、他们的集体宿舍——南三所的相关情况，来看看他们大概的生活情形吧。

1　帝王也重教育

康熙是紫禁城里孩子最多的皇帝，有五十多个，但最后长大成人的没有这么多。这么多孩子，教育肯定是个大问题。

后来的乾隆帝弘历，康熙自小就亲自教育他。他安排皇亲教弘历学骑马射箭，学火枪火炮。夏季到承德避暑时，他让孙子跟在身边读书，随时指点。批阅章奏或接见官员时，偶尔也让小孙子在一边看着。有时还让弘历在群臣面前拉弓射箭（看来皇帝也不能免俗，要炫耀一下）。当弘历在湖中钓到鱼时，康熙让他送给父母，教他从小懂得孝道。

雍正为了集中管理皇子皇孙的教育，正式设立上书房。上书房在乾清宫东南边，你可别小看这个选址，皇帝可是别有用心的哦。平时皇上在乾清宫里批阅章奏、处理政务，皇子皇孙就在眼皮子底下。孩子们的一举一动，皇上尽收眼底。这书房是刻意设在他的"办公厅"旁边的！此外，上书房里还挂满了雍正、乾隆书写的励志对联，比如"立身以至诚为本，读书以明理为先"，都是教育皇子好好读书、天天向上的。

皇子皇孙从六岁开始入学，一直到十五六岁成年"分府"出宫，起码有九至十年的时间是在这里度过的。如果分府之后没别的差使安排，还会一直在这里念书。

2　皇子们的日常——上书房的一天

皇子皇孙们接受的教育和训练要比普通人家的孩子更严苛，看看他们一天的日常就知道了。

他们虚岁六岁就要去上书房读书。每天寅时（凌晨三点起）至卯刻进书房，下午三四点才能下书房。学生的一日两餐都在这里吃，时间分别是早上七点半和中午十二点半。中间也只能休息一两次，每次不超过十五分钟，这可比我们现在的小学生严苛多了。

每天黎明，皇子们进书房前，先学一会拉弓射箭，然后学习蒙古语和满语。早餐后，师傅教学"四书""五经"、策、问及诗赋。午饭后他们还要学习骑射。总之一天的安排是满满当当的。

他们每天要学习十几个小时，一年也只有五天可以不上学，这五天是元旦、万寿节、端午节、中秋节和学生本人的生日。另外，夏至到立秋前后的一段时间和春节期间，他们可以只上半天课，大约相当于现在的寒暑假吧。

平日上课纪律是严明的，如果皇子们无故逃学，不但要罚学生（比如打板子），还要罚老师呢。

哦，能做皇子皇孙的老师的，自然都是学识渊博的人。总师傅和总谙达负责上书房的教务。师傅一般从翰林学士中挑选，讲"五经"及历史、策问、诗赋等汉语文化课；谙达有负责教蒙古语和满语的"内谙达"，还有负责教骑马、射箭的"外谙达"。既要学习文化知识，也要学习治国之道；既要能文，还要能武。一切都是期望他们能成为治理国家的储备人才。

3　皇子们的集体宿舍——南三所

皇子们读书在上书房，住宿在南三所。南三所位于前朝的东边，因为东方属木，为青色，主生长。南三所的屋顶也多覆绿琉璃瓦，寓意皇子们生生不息的生命力。

明朝时南三所是皇太子的东宫，清朝时用作皇子们的居所。清朝的皇子们只有十岁之前可以跟着自己的母亲住在东西六宫里。十岁后就要搬至南三所，一直等长大成年——结婚或被封为亲王之后，才能搬到王府居住。

南三所在明朝时一度叫慈庆宫。万历年间，这里是太子朱常洛的东宫，因父皇特别不喜欢他，他居住的这个宫殿也特别寒酸。万历四十三年，一名三十多岁的张姓男子手拿枣木棍，闯进宫来，逢人就打，伤及守门者多人，一直打到殿前房檐下。所幸太监们抵住了房门，没有伤到太子，男子被抓。有人认为他是受人指使来刺杀太子的，但他本人说得颠三倒四，真实的原因是什么，不得而知。这就是明末三大疑案中的"梃击案"。

小皇子皇孙们，身边除了各科老师，也有陪伴他们的小伙伴，叫"哈哈珠子"；侍候他们的童仆，叫"小苏拉"。"哈哈珠子"从开国功臣或是家道殷实的满族大员子弟中选取，他们陪伴着小皇子。日后这些皇子阿哥们都各自分封，他们自然也会跟着成为王府的护卫。毕竟从孩提时代培养起来的友谊，总是比较靠得住的。

十

皇家敬老院

皇宫中，上一代的皇帝驾崩后，他们的皇后和妃子就成了太后和太妃。按清朝的规制，太后和太妃是不能和新皇的妃嫔同住在东西六宫的，因此得为她们安排颐养天年的住处。

　　还有，退了位还依然在世的皇帝，即太上皇，又住在哪里呢？清代唯一一位太上皇是乾隆，他本来就很会享受，他是怎么解决自己的养老住处的呢？

1　慈宁宫：传奇皇太后孝庄

慈宁宫在故宫外西路，距养心殿很近。看起来很近，实际上一个在后廷之外，一个在后廷之中。不过，因为离养心殿近，皇帝办完公事，可以顺道去慈宁宫向太后请安。

孝庄太后遵照明朝的传统，住进了慈宁宫。慈宁宫也迎来了它最辉煌的时刻，因为孝庄太后是中国历史上一位非常杰出的女性。她是顺治帝的母亲、康熙帝的祖母，康熙皇帝继位后尊她为太皇太后。

她一生辅佐了两代帝王。顺治帝继位时只有六岁，康熙帝继位时只有八岁，先后作为母亲和祖母的孝庄太后肩上的担子是十分沉重的。但在她的辅佐下，康熙做得很好，清朝进入"康乾盛世"。康熙对这位祖母的感情也非常深厚，平日里请安、嘘寒问暖是必不可少的。孝庄太后生病时，他再忙也会亲自去照顾。孝庄病重时，他不离左右，亲奉汤药，甚至还率百官去天坛为她祈福。孝庄七十五岁时在慈宁宫去世，在当时也算得上高寿了。

孝庄去世后，按惯例，皇帝一般要守孝十七天，康熙却想将这个时间延长到二十七个月。甚至还拆迁慈宁宫区的一座宫殿到太后陵上。

后来慈宁宫就成了专门给太后举行重大典礼的场所，比如太后过生日，为太后册立什么封号之类的。每当这时，皇帝会亲率皇后、皇子及百官在这里举行隆重的仪式。

2 颐养天年的寿康宫

没想到后面还有人在打慈宁宫的主意!这就是康熙的孙子、紫禁城里的建造达人——乾隆皇帝。

乾隆登基后,想给他自己的母亲崇庆皇太后找一个极佳住处。他就在慈宁宫西侧开始了改建工程,改建成的宫殿钦拟为"寿康宫"。而崇庆皇太后也是中国古代皇太后中最长寿的一位,拥有母仪天下的至尊身份。

寿康宫正殿中安放着皇太后屏风宝座,屏风上写着"海屋添

筹"四个字。沧海变成桑田一次记为一筹，这四个字作为祝寿辞非常贴切。太后的卧室窗边挂着乾隆亲自书写的条幅，条幅上写着"出门见喜"四个字，充满了母子温情。

他每次向母亲请安时，先要在东配殿候着，等母亲准备好后才进殿。殿内有个大炕，几乎占了一半的空间，这是他们母子二人话家常的地方。

他还在慈宁宫为崇庆皇太后举办了六十、七十、八十岁三次大寿庆典。每次庆典，他都身穿彩衣，带着皇子、皇孙等人手舞足蹈，将庆典气氛推向极致。这便是"彩衣娱亲"最好的写照了。

不得不说，创造了"康乾盛世"的两位皇帝，可都是大孝子呢。

3 太上皇的宫中之宫

明代时宁寿宫只有稀疏的几座宫殿，是供太后、太妃养老的地方。到了清代，乾隆将它扩建、改造，为自己精心准备了一个养老院。

这个养老院简直是浓缩版的故宫，它有独立的中轴线，还分前朝、内廷，很有特色。当然，其中最有特色的要数宫前的九龙壁和宁寿宫花园。

九龙壁背倚宫墙，单面覆满琉璃雕塑，壁面上海浪烘托出九条形态各异的龙，非常有气势。九龙，象征着皇帝的"九五之尊"，而且这九条龙，一共用了二百七十个塑块，都是九和五的倍数，这当中也是极有讲究的！九龙壁中有个小秘密！其中有一块琉璃砖是用木头仿造的。据说在修筑九龙壁时，一个工匠不小心将安装在白龙

腹部的一块琉璃砖打碎了，重新烧制又来不及，领工情急之下用一块楠木仿造了一块琉璃砖补在了影壁上。这个小木片在九龙壁左数第三条白龙的肚子下面。要是去宁寿宫看九龙壁，别忘了去找一找哦。

宁寿宫花园是乾隆亲自指导督造的，其中体现了他的品位与爱好。他在设计中融入了文人雅趣，体现了这位皇帝的风雅一面。比如他在禊赏亭内设曲水流觞，效仿东晋王羲之等人在兰亭雅集时的乐趣。

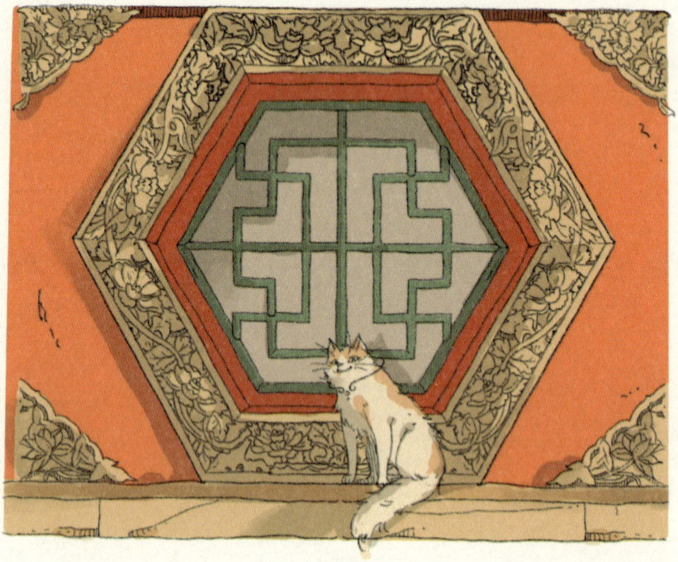

十一 皇家的休闲娱乐

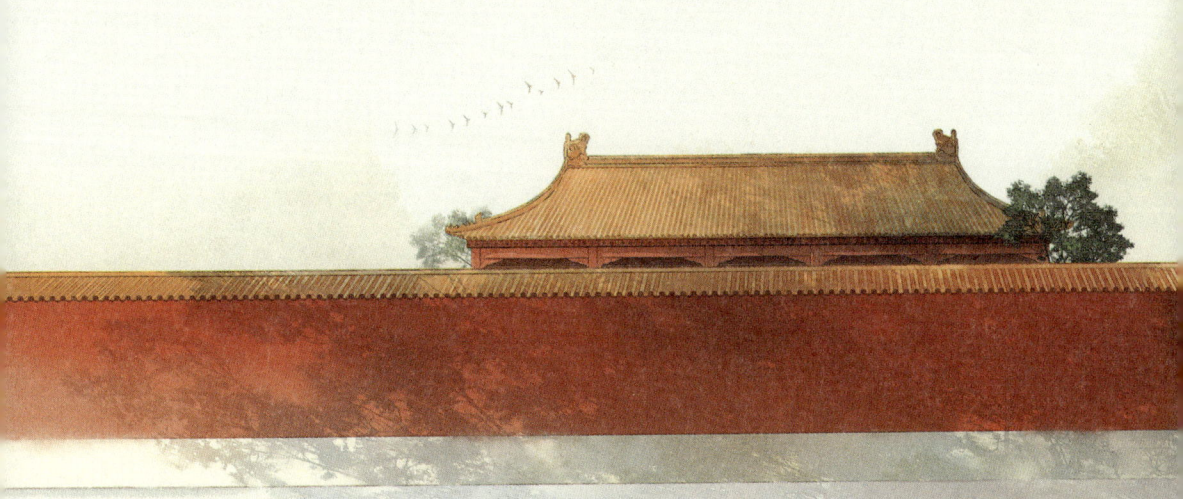

出了坤宁宫向北走,就来到了故宫的大花园——御花园。这里主要是皇帝和妃嫔们观赏、游乐和休憩的地方。故宫里除了御花园外,还有其他的花园,比如宁寿宫花园、建福宫花园、慈宁宫花园。当然,御花园是其中面积最大、美景最多的。

除了逛花园外,皇家成员还喜欢去畅音阁听戏。没错,畅音阁就在乾隆为自己建造的那个"养老院"——宁寿宫里。

此外,清代皇家还有一个特殊的爱好——"冰嬉",此项兼体育与娱乐性质的活动甚至被定为清代的"国俗"。

1 御花园里赏花看石

御花园作为宫中最大的花园，仿佛世外阆苑，天下奇花异葩荟萃一园。随着王朝灭亡，这些名花奇葩大多渐渐消失了，唯有奇石古树尚存园中。

御花园里的花随四时而各异，但最多的是牡丹。牡丹又名"帝王花""富贵花"，其花冠硕大且雍容华贵，尤为帝王所喜爱。此外，绛雪轩里有数株古海棠，每当花开，满树绛雪，乾隆皇帝曾在这里与群臣赏花，还留下了诗句。还有一种比较罕见的花——太平花，传说这花是乾隆平定金川后，当地进献的。

牡丹、海棠、太平花，聪明的读者，将它们联系起来，就会知道它们的主题是"玉堂富贵""富贵太平"之类的。这样吉祥的寓意当然是皇家所喜欢的。

御花园里还有一种有故事的树——柏。

御花园东北角西山墙外，有一株古柏，相传被乾隆皇帝封为"遮荫侯"。传说乾隆一次南巡前，发现这棵古柏无疾而终。后来他在南巡途中，每当烈日当空，头上便有一棵古柏树，像伞盖一样为他投下清阴，他感到舒心又凉爽。回宫不久，人们发现那棵枯死的古柏又复活了。乾隆一想，这不正是为自己遮阴的那棵柏树吗？于是赐封它为"遮荫侯"。

万春亭北有一株连理柏，树干早已枯死，园艺师在树下种藤萝，任其攀附在枯树上。繁茂的藤萝缠绕在枯树上，使这棵柏树就像枯木逢了春，别有一番情趣。

　　御花园里为了造景，用了很多奇石。园内堆秀山和西南边的假山、绛雪轩花坛里的山石，都是太湖石。这种石头玲珑剔透，上面又有很多孔洞，造型很特别。此外，园中还有很多可供观赏的石头，以陨石最为特殊。著名的如天一门西边的那块"诸葛拜斗石"，石头半黑半白，白色这边像一个人，黑色这边呈星斗状，人们将它与诸葛亮祭北斗联系起来。御花园的石子路，也都是些有故事的图案，比如"渔樵耕读""桃园三结义"这些人们耳熟能详的故事。踏上御花园的石子路，打开你的想象，就像走进了一个故事王国。

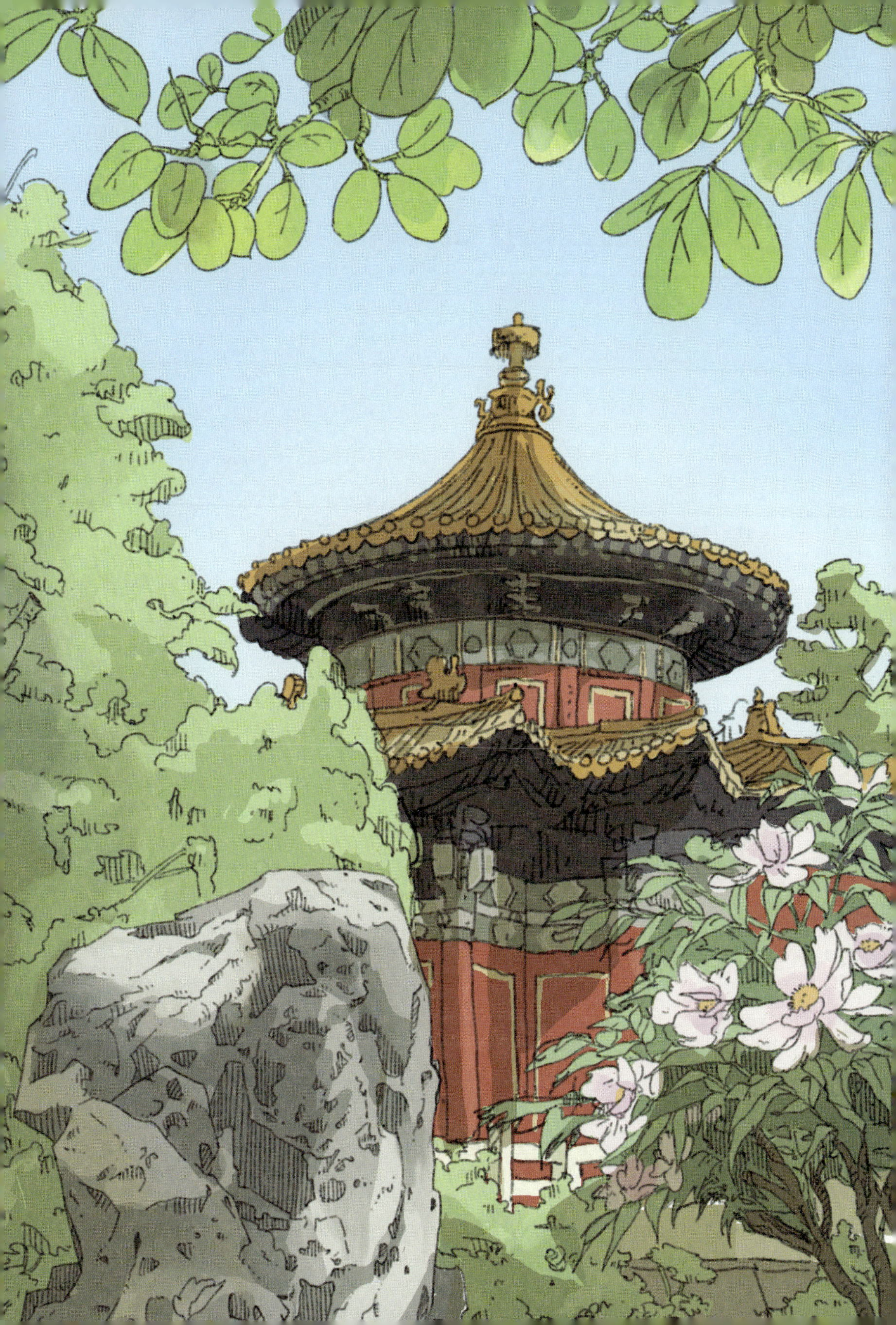

2　畅音阁里看戏听曲

戏曲是中国传统艺术之一。清朝的皇帝都爱看戏，故宫中有多座戏台，其中最大的就是位于宁寿宫东路的畅音阁。

乾隆是个大戏迷，当时的清宫内除了上演传统的杂剧、传奇剧外，乾隆皇帝还专门让人编写新的戏目。尤其是一些宫廷大戏，简直称得上鸿篇巨制，一场大戏甚至要上演十几天。当时宫中还有一个专为戏曲演出服务的机构"南府"，它在民间广纳艺人，

不断壮大演员阵容。

畅音阁的戏台有三层，自下而上依次是寿台、禄台、福台，这三层戏台之间设有各种机关、布满巧思，据说是为了制造上天入地的"特效"。看来，那时的表演已经在追求"特效"效果啦。这戏台有多大呢？大到可以同时容纳上千名演员。宫中逢重大节日庆典，比如元旦、立春、上元、端午、七夕、中秋、重阳、冬至、除夕等都会演戏。皇帝就坐在对面的阅是楼里观戏。

畅音阁的正门牌匾上写有"壶天宣豫"四个字。"壶天"代表传记中神仙居住的蓬莱三神山，"豫"即喜乐；意思是皇帝在犹如仙境的戏台里看戏，处处充满欢乐。故宫宫殿的牌匾题词，都极有讲究，每个牌匾后面都藏着博大精深的中华文化，仅仅把这个弄懂了，都可以增长不少见识呢。

3 冬季里盛大的"冰雪嘉年华"

春有百花秋有月，皇帝及其子女们春天可以在御花园里赏赏花，秋夜可以在宫苑里赏赏月。冬天呢？冬天，清朝还有盛大的"冰雪嘉年华"等着他们呢。

东北满族人，一直都有冰雪运动的传统。他们还将冰上优势用于军事，据说取得了良好的效果。清朝入关后，不但延续了冰上运动的传统，乾隆皇帝时还将"冰嬉"定为"国制"，每年隆冬都要在太液池举办"冰嬉"大会。届时，皇帝率百官亲临现场，与表演者一起参与这场冬季皇宫里的"冰雪嘉年华"。

想知道"冰嬉"到底是怎么一回事，看看藏在故宫里的名画《冰嬉图》就能大致感受到当时的热烈气氛。"冰嬉"其实集习武和娱乐于一体，有点像今天的滑冰、冰球等冰上运动。一般是挑选八旗兵，在冰上进行艰苦严格的训练。它既有很高的难度，也要求极好的体力，同时还要讲究集体配合。

"冰嬉"表演一般在隆冬腊月举行，乾隆时多在十二月初一开笔书福的同一天举行。这天，表演者脚穿"冰鞋"，皇帝的御座设在"冰床"上。冰床可以在冰上滑行，底部类似平底船，上面放着皇帝的轿子。冰嬉表演的动作花样繁多，比如"金鸡独立""凤凰展翅""双燕飞"等等；表演的项目有抢等、抢球、转龙射球等等。抢等是比速度，看谁先到离冰床二三里地的大旗下面；

抢球即士兵分为身穿黄绿色衣服的两队,看谁先抢到球;转龙射球,既要沿一定路线滑行,又要射挂在旗门上的球,还要保持一定的队形。《冰嬉图》中画的就有"转龙射球"的场面。赢得比赛的,当然有丰厚的奖赏!

冰嬉表演后来随着清朝国力的削弱,慢慢地取消了。

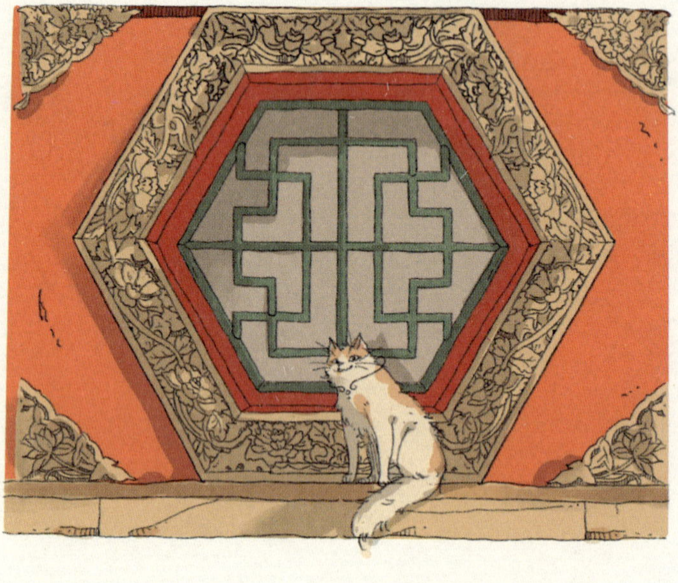

十二 有故事的后门
——神武门

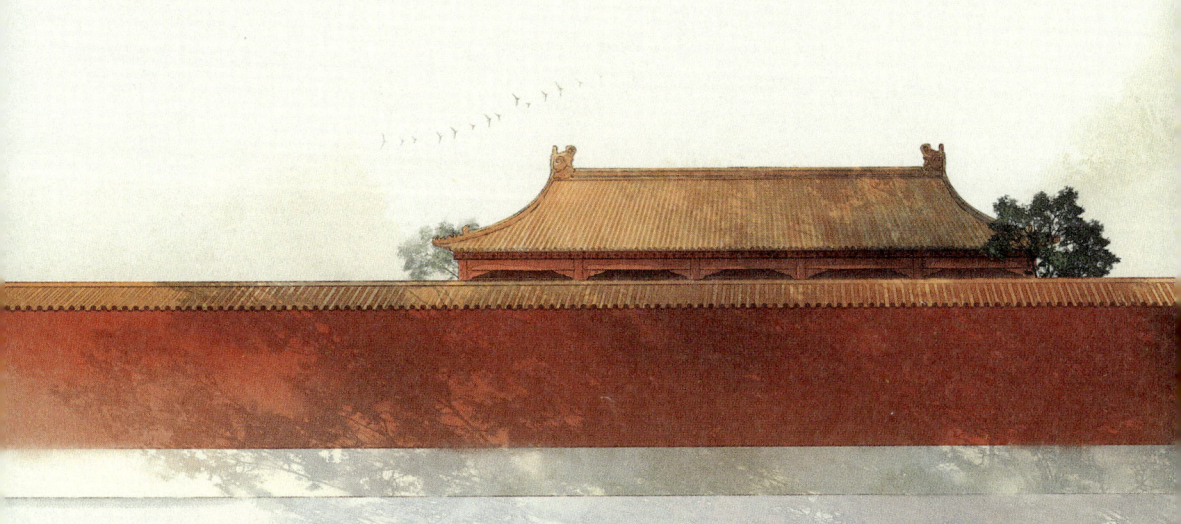

不知不觉,咱们的故宫之旅就到了神武门了。过了御花园再往北,就是故宫的后门,它意味着故宫之旅的终点。神武门守望了故宫六百多年,见证了明清两大王朝的兴盛和衰落,它的身上写满了故事,充满了历史感。

1 从玄武门到神武门

明朝时,这个后门一直叫玄武门。中国古代神话中有四只镇守四方的神兽,分别是东方青龙西白虎,南方朱雀北玄武。玄武传说是镇守北方的神兽,它是龟蛇合体的样子。玄武具体有什么功用没有统一说法,但它大致是用来避邪、祈福的吧。大家还记得故宫的南门叫什么吗?五凤楼。这一南一北两个门的名字,正好呼应了"南方朱雀北玄武"的说法。

到了清朝,玄武门就改名为神武门了。改名的原因,是要避康熙皇帝的名讳。康熙名玄烨,他登上皇位后,为避讳,便改"玄"

为"神",玄武门就改名神武门了。改名的还不仅仅是这个门哦,唐玄宗在清代也不叫唐玄宗,改称"唐元宗"了。看来,这避讳也是一门大学问。

　　清朝的时候,皇帝出宫游玩回来,基本是从这里回宫的。可真有意思,大概是怕人知道自己偷懒,出去玩了,干脆走"后门"!

2 "后门"故事多

1644 年，李自成带兵攻入北京，崇祯皇帝走投无路之际，和太监仓皇之中从玄武门走出宫，逃到紫禁城后面的景山，在这里自缢了。明王朝自此灭亡。

1900 年，八国联军打到了北京城门口，慈禧太后被吓坏了，装扮成民妇的样子，带着光绪皇帝、皇妃们从这里出去，一路奔逃。

1912 年，清朝最后一位皇帝溥仪颁布退位诏书，只能继续生活在乾清门以北的区域，神武门就成了他唯一能出入的宫门了。

1924 年，溥仪被赶出紫禁城，这座旧时皇城的最后一个主人离开了。

1925 年，故宫博物院成立，李煜瀛手书"故宫博物院"匾额，高挂在神武门上方。但我们现在看到的匾额，是郭沫若先生 1971 年写的。

3 "文化自信"之源

自从四千年前大禹铸九鼎以象征天下九州，后世政权更替就有"问鼎""鼎革"之说。"鼎"一是象征国家政权，二是指以鼎为代表的金石书画、图书典籍等。朝代更替之际，这些文物宝藏要到哪里去，也变得尤为重要。

故宫国宝在国难当头之际，也相应经历了十多年变迁，包括文物南迁、文物西迁、文物迁台等，其间的曲折无法细说。

除古建筑等不可移动文物之外，故宫博物院现有藏品一百八十余万件（套），涉及中国古代科学技术、文化艺术各个方面，其中一级藏品有八千余件（套）。

中华民族历史悠久，文明成就辉煌灿烂，故宫博物院一经成立，即跻身世界著名博物馆之列。如今它是中国最大的博物馆，也是与美国大都会艺术博物馆、英国大英博物馆、法国罗浮宫博物馆、俄罗斯艾米塔什博物馆齐名的世界著名大博物馆。

它是中华文化法统的象征，也是我们的"文化自信"之源。

十三 故宫建筑奥妙

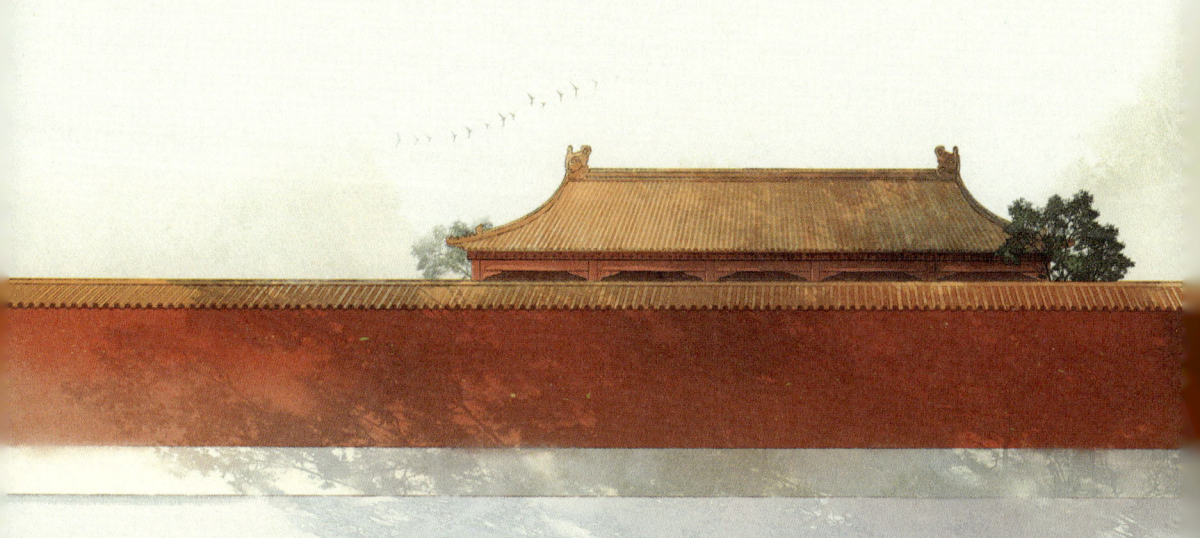

紫禁城宫殿是中国古代官式建筑的百科全书，凡是古建筑中各种造型、工艺、原材料都有所采用。屋顶的形式、斗拱和宝顶的设计、彩画的运用，都体现了高超的古代建筑工艺。当然，这些伟大的建筑离不开隐藏在它们背后的杰出工匠们！

1 屋顶也有等级

紫禁城里宫殿、房屋的屋顶形式变化多样。这些屋顶的建筑形式可不是随便用的，什么样的建筑用什么样的屋顶，有等级之别哦。

比如庑殿顶、歇山顶、悬山顶、四角攒尖顶……排在前面的当然比后面的尊贵，而重檐的屋顶等级又高于单檐的。这些屋顶无论怎么变化，都有一个根本的指导原则，那就是要表现皇权至高无上的思想。咱们只看几个主要的屋顶样式及它用在什么宫殿上，就能大概明白其中的差别了。

比如太和殿的屋顶，用的是重檐庑殿顶，这是中国古代建筑中最尊贵的。它的基本形式是四面坡，特点是典雅大方，一直被帝王们用于其主要宫殿。又如皇帝的正寝乾清宫，也用的这种屋顶形式。这种屋顶都是单一的黄琉璃瓦，屋脊也不用雕饰繁缛的琉璃构件，室内也没有奇巧的陈设。但这样也难掩它雍容典雅的非凡气度！

保和殿在前朝中次于太和殿，坤宁宫在后廷中次于乾清宫，所以它们的屋顶用的是重檐歇山顶。而处于前朝中间位置的中

和殿和处在后三宫中间位置的交泰殿，用的就是单檐四角攒尖顶，攒尖顶的顶部一般都有一个宝顶。

卷棚顶轻松活泼，没有压抑感，一般适用于园林建筑和次要房屋，所以御花园中多见这种屋顶。

什么样的屋顶，用什么样的颜色，都有规矩。要想弄清这里面的学问，最好实地去感受一下啦。

2 可不只是好看——宝顶和斗拱

四角攒尖顶上一般都有宝顶。它们造型奇特、装饰华丽，难道仅仅是为了好看吗？

不，它们都是出于结构的需要。凡是攒尖顶的建筑，整个木构架都是向上逐步收缩，最后聚集在屋架顶端一根垂直的木柱上。这根孤零零的立柱高举在屋顶最高处，最易遭雷劈，于是古代匠师们给它起了个避凶趋吉的名字——雷公柱。它像一柄大伞的伞柄顶端，保证雨水无从渗入，既有审美效果，又有实用功能。

中国古代建筑最突出的标志，莫过于斗拱了。古代建筑之有斗拱，犹如古代文化之有龙凤。它们既最常见、最重要，又为别国建筑、文化所没有，因而是最具中华民族传统特色的东西。伫立宫殿之前，仰望飞檐，人们无不为那精美绝伦、巧夺天工的斗拱所吸引。

斗拱是中国古代建筑的基

本构件之一，由斗、拱、昂、枋四大构件组成。这里面有极精深的讲究，就不必细说了。总之它运用了杠杆原理，增强了木构架的弹性，大大提高了建筑物的抗震能力，使中国传统建筑成为世界上最具抗震性能的建筑。

想想看，故宫曾遭遇了几次火灾？这些火灾对故宫的破坏是极大的，但几百年来，那么多次或大或小的地震，却没能让故宫的宫殿坍塌或损毁，斗拱设计的逆天智慧，可见一斑！

3 美极了！油漆彩画

凡到过故宫的人，无不为宫殿上金碧辉煌的彩画所吸引，同时也为光彩夺目的红漆大柱所震撼。之所以能达到如此强烈的艺术效果，与我国古代宫殿特有的油漆彩画工艺是分不开的。

故宫的每一根建筑立柱上面的梁枋等部位都绘有精美的彩画。这些彩画主要分和玺彩画、旋子彩画和苏式彩画三种，故宫里常见的是前两种，而且这些彩画也有等级之别哦。

和玺彩画只用在重要宫殿上，如太和殿、乾清宫、太庙等，主要是位于故宫中轴线上的重要宫殿。这些彩画大多画有龙凤图案，还有大面积的贴金装饰，真正金碧辉煌。彩画分几个部分，说起来可专业啦，教你一个简单识别的方法，在枋梁边缘处如果能找到摔倒了的W形图案，就知道它是和玺彩画了。

彩画中排第二的是旋子彩画，故宫里主要的配殿和门式建筑

大多用这种彩画。旋子彩画通常会有一个整团的旋花和两个半团的旋花，枋心和藻头间有个摔倒了的 V 字形。

等级最低的是苏式彩画，最初使用于苏州园林，故名苏式彩画。引入皇宫后，多用在花园中，后来也用在生活区。故宫中的各花园里随处可见这种彩画，比较富有生活气息。

4 你好，杰出的工匠们！

唐宋以来，我国古代的官式建筑有基本的"法式"可依，建筑师和匠师的功劳好像被掩盖在"法式"之后了。事实上，任何工艺都需要传承，需要出类拔萃的人将其发扬光大，而紫禁城的建造也离不开这些杰出的古代工匠们。

康熙三十四年，皇帝下令重建太和殿，当时工部官员一致推荐梁九来主持。梁九是万历时著名匠师冯巧的弟子。史书记载，崇祯末年，冯巧年老，梁九在他门下为徒，却数年得不到真传，但他仍跟在冯巧左右，丝毫没有懈怠。有一天，诸徒弟都不在场，梁九却仍不离左右，冯巧说："子可教矣！"于是尽传其技给梁九。梁九非常擅长制作建筑模型，曾制楠木殿模型一组，模型不过数尺，但一座大殿的所有构件全部具备，精密准确到完全可照其放大施工。

还有"样式雷"世家。"样式雷"以雷发达为始祖。雷发达生于明代，卒于清代康熙年间，他的工程技术十分著名。民间有一个传说：康熙中叶营建三殿，雷发达供役其间。当时太和殿缺大木，仓促间只好取了明代的楠木旧梁柱充用，上梁那天，康熙亲临。金梁高举，但卯榫悬而不合，工部官员惊惧交加。情急之中，他们给了一把斧头，让雷发达救场。只见他爬上大梁架，一斧子劈下，梁榫随声落入卯口，上梁大礼顺利完成！龙颜大悦，雷发达也因此升职。有人说，这个事迹是其长子的，被挪到他的头上了。总之"样式雷"代有传人，一直到第七代，随着清朝灭亡，雷氏家业衰败了，"样式雷"也完成了他们的历史使命。

皇家园林中有房屋，也有山水，"山子张"是以叠山造园闻名的。山子张以张涟为第一代，园林与诗画同源，讲求意境。张涟少时学画，时时揣摩山水画与园林的关系，探究以名画入园林的妙趣。学成之后，他以叠山垒石在江南行艺五十多年，名扬南国。他造园时，先是让乱石散布如林，然后他进入其中，四顾徘徊，默记各种机巧，然后与主人坐下来闲谈。接着让工匠在其中操作起来，他在旁边一副漫不经心的样子，最后所有山石都布置得不差毫厘，且没有斧凿痕迹。

哦，别忘了，故宫里还有一批现代"大国工匠"，他们是故宫里的默默无闻却妙手回春的文物修复师！历史文物历经沧桑，多少会有不同程度的损毁，故宫博物院将传统修复技艺传承至今，让无数奇珍异宝得以传承。故宫博物院的古字画装裱修复技艺、古书画临摹复制技艺、青铜器修复及复制技艺、明清硬木家具修复、古钟表修复技艺已被列为国家级非物质文化遗产。一部纪录片《我在故宫修文物》，终于让这些"大国工匠"从幕后走到了公众的视野中！

十四 故宫大怪兽

紫禁城是皇帝的居所,那守护紫禁城的大怪兽自然是龙啦。但是故宫中的龙也各有不同哦,每一条龙都有各自需要"守卫"的职责。

　　除此之外,龙的儿子们也出现在宫殿的各个角落中。你认识它们吗?让我们一起来看看它们在宫中承担着什么样的重任吧!

1　龙的世界

在中国古代人心目中，龙是帝王的象征。中国的皇帝是真喜欢与龙扯上关系，他们自称"真龙天子"；穿龙袍、坐龙辇；高兴了是"龙颜大悦"，生病了是"龙体违和"。

作为皇家工作和生活的地方，整个故宫有很多龙的身影，而太和殿简直是"龙的世界"。它的柱、脊、梁、栏杆、藻井上随处可见各种龙。殿外的三层汉白玉石基上，有一千多根刻着云龙的石柱，柱下雕有龙头，每当下雨时，你可以看见"千龙吐水"的壮观场景。殿前的丹陛石上，刻着九条蟠龙，大殿里的六根立柱上雕着云龙。

但太和殿里站得最高、身份最特殊的龙是大吻。它是太和殿正脊两端的构件，每个高3.4米、宽2.86米，共十三块琉璃构成。龙尾朝外，龙吻朝里，龙尾背部直插着一把宝剑，气冲霄汉，威风凛凛。

大吻有颜值，也是实力担当。它所在部位，是屋面前、后、侧三面交会的接合点，这地方很容易漏雨，大吻能很好地防雨水渗漏。而龙尾上的那把宝剑，又直插在房梁的中立柱上，使其坚不可摧。唐山大地震波及北京，但太和殿上这对大吻安然无恙。

我国古代建筑上的龙吻历史十分悠久。汉代建筑中，正脊两端用的是凤凰形象，隋唐时用的是鸱尾。鸱尾传说是佛缍里印度的摩羯鱼，它能兴云布雨、灭火克火。总之，无论是哪一种形象，它们都被寄寓了防火防灾、趋吉避凶的美好意愿。

2　五脊六兽

故宫古代建筑的屋顶，基本形式是一条横向的正脊，四条纵向的垂脊。正脊两端装大吻，而垂脊上装的就是小兽，俗称"五脊六兽"。

但垂脊上小兽的体量和数量是根据建筑物的体量和规格来定的，等级不同，小兽的数量也不同。比如太和殿，是皇帝享用的，所以有十个小兽（最前面的骑凤仙人除外）；而乾清宫、中和殿、保和殿上，只有九个小兽；坤宁宫的屋顶上，就只有七个了；东西六宫就只有五个小兽的身影了。

这些屋脊的瑞兽，都是公平正义的化身，象征着逢凶化吉、驱除邪恶、主持公义的力量。它们同时又充当了加固房屋的瓦钉，具有实用功能。

它们个个身上都有故事哦。用一个口诀来记住太和殿上的十个瑞兽吧：一龙二凤三狮子，天马海马六押鱼，狻猊獬豸九斗牛，最后行什像个猴。龙、凤、狮，是中国古代建筑中常见的，在前面已经见过了，这里不多说。咱们看看下面的几位大神吧。

天马、海马，都是神马。据传天马是天帝赐给汉天子的神马，它出入水中，与龙为友；以它为饰物，寓意吉祥、畅通。海马可能指泽马，寓意天子圣明、泽马效力。

狻猊（suān ní），是一种有超能力的狮子，它食虎豹，一日

能行五百里。它性喜烟雾，很多时候，人们把它当作香炉，让它整日里吞云吐雾。

押鱼，是鱼类的总管，应该是一种水精，能辟火灾。

獬豸（xiè zhì），看起来像羊，却只长着一只角——像鹿角。它的超能力是一眼能辨认出善恶忠奸，要是有人在它面前打架，它闭着眼睛都能分辨出谁是正直的，还会用角抵奸恶有罪之人。它象征着君臣能秉公执正，代表了法治。

斗牛，应是天上的斗牛星座，是文星，这里似乎用来指文官。

行什，行与什，本义都和队伍有关。这里象征武士、武将，甚至代表军队。把它与前面的斗牛联系起来，恰好是一文一武。看来，这些瑞兽不仅仅是用来防火的。行什是太和殿瑞兽中的"老十"，且只在这个殿中才能见到它哦。

最后，我们要说说排在这些瑞兽最前面的领头人——骑凤仙人。骑凤仙人的身份至今成谜，有很多关于他的传说，或说是商纣王，或说是齐宣王的儿子。不管是谁，放在他身上的寓意终归是好的。《诗经》中有以凤比喻贤人的传统，这里的骑凤仙人，可能寓意天子圣明，天下贤才都集于朝堂为国家效力。

3 龙生九子

故宫里的龙很多，龙的儿子也多。相传龙生九子，它的第九个儿子是螭吻（chī wěn），好吞食，常被装在殿脊的两端。太和殿前的台柱下有螭首，善吐水。

咱们依次看看龙的其他几个神通各异的儿子吧。

老大叫囚牛，它是九兄弟中性格最安静的，它善听音，最大的爱好是听音乐，常被雕刻在琴头上。

老二叫睚眦（yá zì），它龙头豹身、脾气火爆，是个疾恶如仇的善斗者，常被刻在刀环、剑柄上。

老三叫嘲风，它是个喜欢冒险的家伙，最爱趴在宫殿的殿角上，朝着风，哈哈。

老四叫蒲牢，它是生活在海里的大怪兽。别看它个头大，可一受撞击就会吓得大叫，叫声大如洪钟，常常被刻在大钟的提梁上。

老五是狻猊（suān ní），上面我们已见过啦，常被雕在佛座或香炉上。狮子与佛可是关联极为密切的，欲知究竟，可自己研究一下哦。

老六叫霸下，它还有一个名字叫赑屃（bì xì）。不过前一个名字更直观，更霸气。没错，它力大无比，喜欢负重。据说大禹治水时，用它来驮过山。治水成功后，大禹命人立了一个大碑，它又被用来驮碑。现在它常被雕刻在石碑下。故宫的景仁宫里那只蹲兽，应该就是它。

老七叫狴犴（bì àn），长得像老虎，喜欢仗义执言、帮人打官司，感觉有点像獬豸哈，它常被雕刻在狱门或官衙的正堂两侧。

八哥赑屃（bì xì）很斯文，尤其喜欢文学，所以常被雕刻在石碑下，这样它就可以将各种碑文欣赏个够了。

故宫宫殿门上都有铺首，铺首即门上的拉手，多为兽首衔环状，有一种无形的威严。但它们只是装饰，没有实用功能。铺首上的兽，有人说是龙的第九个儿子椒图（看来龙的第九子到底是谁，也有争议），它性好闭，不喜欢被侵入，用来守门是再好不过啦。当然，历来被用作铺首的兽面也是有变化的，比如饕餮（tāo tiè）、狮子也是常客。

故宫的慈宁门和御花园天一门前放着另一种神兽——麒麟。麒麟与龙凤一样，谁也没真正见过，只是一种传说。据说它是一种瑞兽，雄性叫麒，雌性叫麟。它长着麋鹿的身子，牛的尾巴，狼的蹄子，只有一只角。这种神兽的出现，意味着天降祥瑞，将它放在门前，主要是祈求吉祥。

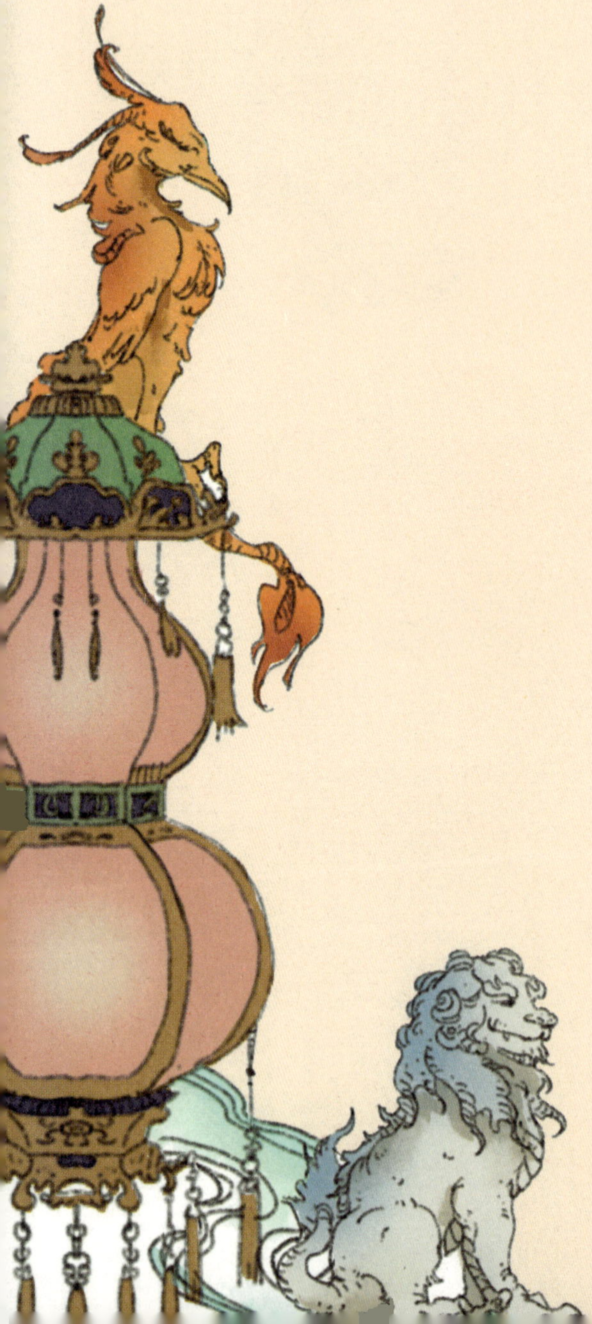

十五　故宫寻宝

故宫博物院里藏着各种奇珍异宝，有珠宝、金银、玉石、刺绣、书画、瓷器等各类文物宝藏一百多万件（套）。这些文物中，有些会在珍宝馆进行展示。文物也需要休息、维护，所以故宫里有专门的文物修复师。

　　在这些琳琅满目的文物中，我们只能看看其中极有代表性的少数几个啦。

7 书画：《清明上河图》

故宫收藏有绘画作品几万件，近千件是国家一级文物。其中知名度最高的藏品之一，就是北宋张择端的《清明上河图》。它是我国古代现实主义绘画的经典之作，既全景式反映了北宋的社会生活，也对后世绘画产生了深远影响。

这幅画属于传统中国绘画科目之一的"界画"。它以长卷形式，采用散点透视构图法，描绘12世纪北宋都城汴京清明时节城郊到城里的景象，反映了当时社会各阶层人民的生活状况。画中约有一千人。全卷自右至左，大致分三段。

第一段是近郊景物，柳树新芽，茅舍俨然，田畴平旷，菜畦纵横，居民安居乐业。蜿蜒的路上，成队的驴、骡驮运货物走向城市，显示当时商品经济活跃。

中段以穿城而过的汴河为中心，河两岸店铺、客舍、货栈林立，井然有序。街道上、商肆内外，各行各业的人们往来穿梭，或忙忙碌碌，或行色匆匆。画面中心是一座当时盛行的"虹桥"，大船驶近桥下，偃桅息樯，船上、桥上、岸上人群，呼喊指点的，看热闹的，相互呼应。只见"船到桥头自然直"，有惊无险，大家又各自忙乎。

第三段是高大的城门及城墙内外一部分街衢。城墙上杂树从砖缝、墙体夯土里脱颖而出。城门下，驮运货物的驼队正在穿过。

鱼贯出入的众多驼队，给这座当时世界上最繁华的商业都市，带来源头活水。

除了传统认识之外，它还是宋代科学技术进步的真实写照。它使用了"界画"特有的写实手法，建筑史研究专家经常从它的画面上找回宋代建筑形象；画中的车辆作坊，则印证了宋代起"闭门造车，出门合辙"的历史事实。二十世纪八九十年代，北宋汴京故地河南开封，按图复制了"清明上河园"；2010年上海世博会上，中国馆推出动画版《清明上河图》，作为辉煌灿烂的中华文明代表。它自古至今一直在启迪人们的思想灵感，它是一件真正活着的文物。

2 玉雕:《大禹治水图》玉山

玉在中国有特殊的文化价值。几千年来，中国古人留下无数玉石作品，其中收藏在故宫里的《大禹治水图》玉山，是所有玉石作品中体量最大的一件，堪称稀世珍宝。

其所用的玉石，是从新疆和田运到北京的。为运这块上万斤的巨大玉石，朝廷制作了专门的车子，派专人经过三年之久的时间，才将它送到北京。这车前面有一百多匹马拉，后面有上千名役夫推，逢山凿石开路，见水导河架桥，大冬天里就将水泼在路面上结成冰道，在冰面上拖送。到北京后，又专门通过京杭大运河，送往扬州进行雕刻。

这座玉山，下面是铜制山形底座。玉山的主体上山岭叠嶂、瀑布涌流，山上遍布古木苍松，到处都是洞穴。在这些险峻的山岩上，大禹带领着民工，有的用锤子凿山石，有的用镐刨砂砾，有的撬山石，干劲十足，一幅生动热烈的劳动场面。没错，这就是久传民间的大禹治水场景。

中国历代帝王都以效法先王、学习尧舜来标榜自己。乾隆皇帝为了彰显自己的功绩，将大禹治水这一圣绩雕刻在玉石上，以博得万古千秋之名。

整个玉山雕刻又用了数年时间，完工后，乾隆还专门为它写了一首御制诗，以歌颂大禹之功。虽然这个玉雕耗时耗财耗人力，但作为故宫的镇馆之宝之一，它也很好地显示了中国古代劳动人民的精湛技艺和伟大智慧。

3 瓷器：定窑白釉孩儿枕

中国古代制瓷技术历史悠久，清朝乾隆年间，大批身怀绝技的工匠聚集在景德镇御窑厂，烧制了各种闻名后世的釉彩大瓶。但我们在这里要说的却是藏于故宫的一件宋代定窑白釉孩儿枕。

孩儿枕的瓷质细腻洁白、造型逼真、线条流畅，是北宋定窑白瓷的代表。枕上的孩子身穿长衣坎肩，侧身伏卧在床榻上，床榻上装饰着如意云纹。男孩儿的手臂环抱，头部上扬，右手握着一个用锦带穿的绣球。臀部和两脚交叉上扬，活泼可爱极了。枕头的底部还有乾隆为它写的一首御制诗。

古人认为瓷枕可以明目清心，尤其是在夏季，可以消暑纳凉。宋代的瓷枕很多。当然古人的枕头不只是硬的，也有一些柔软、舒适的丝织枕头。

关于孩儿枕的来历，有一个美丽的传记。据说，古时曲阳有

一对夫妇以烧窑为生,他们的手艺特别精湛,生意也很好。但美中不足的是没有孩子。一天晚上,妻子做了一个梦,梦见一个小孩子闯入自己怀中,醒来后,根据梦境画了一张图,又根据这个图烧制了一个瓷枕。他们天天枕着这个枕头睡觉,后来果真生了一个天真可爱的小男孩。传说总归是传说,却寄托了人们美好朴素的心愿。看着这个呆萌可爱的孩子形象,人们也难免产生遐想。

4 金器：金瓯永固杯

金瓯永固杯，是故宫珍宝馆最引人注目的藏品之一。瓯，本来是酒杯、盆一类的容器，后来常用"金瓯永固"比喻国家领土完整。基于这个美好的寓意，乾隆皇帝亲自主持，命匠人们制作了这个杯子。

这个金瓯永固杯有点像鼎，主要是由金子做的。杯身上錾（拼音，在金银上雕刻）满宝相花。宝相花的花蕊由珍珠、红蓝宝石等镶嵌。酒杯两侧有对称的双龙头作为两只耳朵，龙头上镶嵌着珍珠，像二龙戏珠的样子。酒杯下面设计了三只象，象鼻子卷曲落地，正好成为三足鼎立中的一足，稳稳地撑起整个酒杯。

这个杯子一年只用一次哦。清代帝王有元旦试笔的习俗。每年除夕子时，养心殿东暖阁明窗内的紫檀几上，依次放着金瓯永固杯、玉烛长调蜡台和万年枝玉管笔。皇帝亲自点燃玉烛长调蜡台，在金瓯永固杯中注满屠苏酒，用万年枝笔写下一些祈求社稷平安的吉祥话语，比如"风调雨顺""永享太平"之类的；或是写首试笔诗，以迎接新的一年。仪式过后，皇帝会命内务府将金瓯永固杯收好，待来年开笔仪式才会再用。这一年只用一次的杯子，实在是金贵呀！